노년 공감

* 이 책은 문화체육관광부, 한국문화예술위원회가 주최하는 [2018 문화다양성 증진을 위한 무지개 다리 지원사업] 중 안양문화예술재단이 주관하는 〈오버 더 시니어 레인보우 Ver.5〉 프로젝트의 일환으로 출간되었습니다.

강연기획 안양문화예술재단
이사장 최대호 **기획** 김지훈 박슬기

노년 공감

초판 1쇄 인쇄 2018년 12월 7일
초판 1쇄 발행 2018년 12월 14일

지은이 최현숙 정윤수 이근후
펴낸이 천정한
펴낸곳 도서출판 정한책방

출판등록 2014년 11월 6일 제2015-000105호
주소 서울시 마포구 모래내로7길 38, 서원빌딩 301-5호
전화 070-7724-4005 **팩스** 02-6971-8784
블로그 http://blog.naver.com/junghanbooks **이메일** junghanbooks@naver.com

© 2018, 최현숙 · 정윤수 · 이근후

ISBN 979-11-87685-30-2 (03330)

이 도서의 국립중앙도서관 출판예정도서목록(CIP)은 서지정보유통지원시스템 홈페이지(http://seoji.nl.go.kr)와 국가자료공동목록시스템(http://www.nl.go.kr/kolisnet)에서 이용하실 수 있습니다. (CIP제어번호: CIP2018039724)

청춘과 함께 오늘을 살아가고 내일을 꿈꾸는
우리 시대 노년의 굿라이프

노년 공감

최현숙 · 정윤수 · 이근후 지음

이해와 공감으로
조금 더 성장하는
계기에 대한 이야기

　오늘날 한국 사회의 노인이 처한 위치를 상징적으로 보여주는 통계 수치들이 있다. OECD 평균 노인 빈곤율 1위(평균의 4배), 노인 자살률 1위(평균의 3배), 쉬고 싶어도 일해야 하는 노년 1위(75세 이상 초고령층 인구 고용률 5년 연속 1위)라는 수치들이 그것이다. '노인을 위한 나라는 없다'는 말도 있지만, '노인을 위한 나라'만 없는 것이 아니라 때로 대한민국에서 노인은 젊은 이들만 살아가는 행성에 어느 날 갑자기 불시착한 외계인처럼 보인다.

누구에게나 인생은 한 번뿐이다. 노인에게도 노년의 삶은 처음이다. 그러나 한국 사회에서 노인으로 산다는 것은 너무나 낯설고, 너무나 외롭고, 너무나 두려운 일이다. 모두가 늙는 것을 두려워하고, 늙지 않으려고 발버둥치지만 우리는 모두 늙는다. 노인이 처음인 사람들은 어떻게 해야 노년의 삶을 잘살 수 있을까. 나이 듦을 있는 그대로 받아들일 수 있는 방법은 없을까.

이 책《노년 공감》은 안양문화예술재단이 지난 2014년부터 세대 간 소통을 통해 서로를 이해하고, 나이 듦의 의미를 헤아려 삶을 좀 더 풍요롭게 하고, 사회적 문제와 갈등으로 비화되고 있는 노년의 문제를 풀어나가기 위해 시작한 세대문화 인문 대중강좌의 결실이다. 그동안《나이 듦 수업》《선배 수업》《당신의 이야기는 무엇입니까》 등이 진행되었고, 이번이 그 네 번째 결실이다.

지난 10월부터 세 차례에 걸쳐 최현숙, 정윤수, 이근후 선생 등이 나서 평촌아트홀 내 'Art林'에서 인문학 강좌를 진행했다.《노년 공감》은 이 자리에서 있었던 강연 내용과 자료를 엮고, 현장의 청중들로부터 받은 질문을 보태서 엮었다.

'아무나의 삶을 통해서도 세상을 볼 수 있어요Even through Anyone's Life, We Can See the World'라는 주제로 그동안 우리 사회를 구성하고 있는 대다수의 사람이지만, 이름 없는 아무개anyone였던 이들의 역사를 기록하는 작업을 해온 최현숙(구술생애사 작가, 여성주의생애사연구소 대표) 선생은 〈평등한 노년의 삶을 위하여-가족의 재구성, 관계의 재구성〉이란 글을 통하여 압축적 근대 역사를 살아온 시니어 세대의 역사와 가족 변천의 과정을 파노라마처럼 펼쳐 보이고 있다.

이 글을 통해 그는 '가족의 변화 속 가족 구성원들의 변화'를 말한다. '가족家族'이란 말의 사전적 의미는 '주로 부부를 중심으로 한, 친족 관계에 있는 사람들의 집단. 또는 그 구성원. 혼인, 혈연, 입양 등으로 이루어진다'고 정의된다. 우리가 가족이라는 말을 접할 때 상상하게 되는 이미지 역시 대체로 '부부와 그 자식을 중심으로 한 친족' 형태의 가족이다. 그러나 이와 같은 가족 모델은 박정희 정부의 〈경제개발 5개년계획〉에 따른 급격한 산업화와 도시화의 결과물이다. 산업 사회에 접어들면서 서구 사회에서는 200여 년에 걸쳐 진행된 가족 형태의 변화가 한국

사회에서는 불과 10~20년 사이에 출현했다. 한국의 근현대사가 '압축적 근대'라고 말할 수밖에 없을 만큼 숨 막히는 변화를 거듭해 왔고, 가족 역시 그에 따라 변모해왔다는 것이다.

또 다른 하나는 노년의 삶, 노인이라고 모두 다 똑같은 사람이거나 상황이 아닌 '차이에 따라 다양한 노년'의 모습이 있음을 보여준다. 가족 간의 관계에 대해서도 섣부르게 정상과 비정상, 선과 악의 이분법으로 도덕적으로 재단하려 들기보다는 먼저 이와 같은 상황의 차이, 맥락의 차이를 이해하는 일이 선행되어야 한다. 여성에겐 일상적인 불편이었던 것이 남성 기득권자들에겐 이해할 수 없는 일인 것처럼 같은 공간에서 같은 시간을 살아내고 있는 가족 구성원이라 할지라도 성별, 연령대별로 경험하는 세계의 모습이 다를 수밖에 없으며 앞선 세대로서 가르칠 수 없고 도와주기 어려울 만큼 빠른 속도로 변모하고 있다. 노인 개개인이 처한 상황은 이처럼 개별적이고 복합적이기 때문에 부부 간이어도 성별에 따라 다르고, 같은 계층이어도 연령이나 거주 지역에 따라 노년의 삶에도 아주 다양한 차이와 변수가 있을 수밖에 없다는 것이다.

마지막으로 '살기 좋은 노년'을 위해 '나이 듦'을 어떻게 마중할 것인가에 대해 제시하고 있다. 이미 노인이 되어 구체적으로 노년의 삶을 살아가고 있는 이들은 물론 장차 10년 혹은 40년 후에 노년의 삶을 살아갈 이들이 마주하는 노년의 삶, 나이 듦의 세상은 결코 같을 수가 없지만, 각자 자신의 노년을 예상하고 상상해 보는 과정이 필요하다. '진정으로 원하는 삶이 무엇인지를 명확히 한다면 단출한 삶을 수긍하는 것이 가능'할 것이며, 돈, 타인의 시선, 이데올로기의 소문에 휘둘리지 않고 자존감과 자긍심을 만들어가는 힘이야말로, 공정한 사회를 만들어가는 가장 좋은 힘이라는 것이다.

도시 공간과 문화 양식에 대해 연구와 비평 활동을 꾸준하게 해오고 있는 정윤수(문화평론가, 성공회대학교 문화대학원 교수) 선생은 〈거대한 도시와 노인의 새로운 삶〉에서 도시에서 어떻게 노년의 삶을 인간적으로 보낼 것인가라는 질문을 던지고 있다. 20세기 말에 이르러 현대 인류의 절반 이상이 도시에 거주하는 정주 형태를 보이게 되었다. 한국 사회에서 현재의 노년층 대다

수는 농촌 공동체에서 성장해 저마다 여러 가지 삶의 경로를 통해 서울이나 수도권에서 평생을 보냈고, 이제 도시에서 노년의 삶을 맞이하고 있다. 그러나 거대 도시와 노인의 삶이 학문적 관심의 대상이 되거나 복지 정책의 주요 대상이 된 것은 오래지 않은 것이 현실이다.

2014년도 보건복지부의 노인 실태 조사 결과에 따르면 노인의 도시 지역 거주 비율은 꾸준히 증가 추세를 보이고 있다. 사회 경제적 변화와 더불어 가치관의 변화 등이 종합적으로 반영되어 노년기의 대표적인 거주 형태가 자녀 동거에서 단독 가구로 변화하고 있다. 거대한 도시 공간에서 홀로 살아가게 될 노인 단독 가구의 삶은 과연 복지 정책만으로 해결될 수 있을까.

스마트한 첨단 기계 장비를 노인 거주지에 몇 개 더 장착하는 걸로 인간적인 삶이 가능한가. 그는 인간적인 노년의 삶을 살아가기 위해서는 첨단 기술 장치나 인터넷 정보에 대한 접근 편의성보다도 어떻게 하면 관계를 끊지 않을 수 있는가, 어떻게 다시 회복할 것인가가 중요한 핵심 과제가 될 것이라고 말한다.

여기서 그가 강조하는 것은 천박한 자본주의 논리에 의한 도시 재생이 아니라 그곳에 살았던 인간에게 뿌리를 둔 문화와 역사에 착근하는 도시 재생이다. 노년의 삶을 새로운 소비자로 만들어내는 그와 같은 소비적인 '노인 문화'가 아니라, 그들의 기억을 존중하고, 저마다 살아온 삶의 기억을 되살리고 이해받으며 또한 존중도 받을 수 있는 그런 노인 문화를 만들기 위해서라도, 도시의 공간 재생 역시 그들이 살았던 기억을 보존하고 재생하는 방향으로 진행되어야 한다는 것이다. 좀 더 구조적으로 보면 정부와 지자체가 일단 노인의 이동권을 확보해야 하고, 바깥세상과 단절되지 않도록 유무형의 기술적, 문화적 방법을 강구해야 한다. 이를 통해 지역과 도시는 역사를 기억하게 될 것이며 더불어 살아가는 다른 모든 세대에게도 도움이 되는 길이라는 것이다.

이근후(이화여자대학교 명예교수, 사단법인 가족아카데미아 이사장) 선생은 〈시니어가 시니어와 함께 이런저런 이야기〉란 글을 통해 자신의 경험이 녹아든 소박한 이야기들을 건네고 있다. 우선 그는 노인이란 개념부터 환기시킬 것을 요구한다. '나이 듦'

이란 누구에게나 공평한 것이며, 살아가는 행위이다. 그런데 나이란 과거를 기준으로 하면 오늘이 제일 늙은 나이이고, 미래를 기준으로 하면 오늘이 가장 젊은 나이이다. 노년의 삶은 살아온 관성에 의지하여 살아가기 마련인데 그와 같은 관성에서 벗어나 미래를 기준으로 오늘을 가장 젊게 살아가기 위해서는 새로운 습관을 몸에 배도록 노력해야 한다.

　이를 위해 제시하고 있는 구체적인 방법이 '스마트 에이징SMART AGING'이다. 그 첫 번째 'S'는 'Simplifying', 즉 괜한 걱정으로 몸과 마음을 들볶지 말고 '단순하게 살자', 'M'은 'Moving'은 몸을 무조건 움직이도록 하라는 것, 'A'는 'Affecting'이다. 감정이 둔화되지 않도록 끊임없이 참여하고 자극을 즐겁게 받아들이기 위해 노력하란 의미이다. 그 다음에 'R'은 'Relaxing', 충분한 휴식을 취하라는 것이며, 마지막으로 'T', 'Together' 즉 '함께하라'는 의미를 담고 있다. 'SMART'한 삶이란 단지 노년층에게만 어울리는 말이 아니라 '나이 듦의 삶'을 제대로 살아가고자 하는 이들이라면 누구라도 귀담아들어야 할 내용이다.

더불어 먼저 간 시니어들의 간절한 소망 '당신이 새롭게 태어난다면 어떤 삶을 살고 싶은가'란 질문에 대한 답을 들려주었다. 가장 많은 사람들이 한 말이 '자유롭게 살고 싶다, 맺힌 것을 풀고 싶다, 나누면서 살고 싶다'였다는 것이다. 나이 듦의 삶을 멋지게 살기 위해선 나중에 후회하지 말고 지금이라도 자유롭게 살고, 맺힌 것을 용서하고, 부족하더라도 함께 나누는 삶을 살기 위해 노력해야 한다는 것이다.

늙음과 죽음을 피할 수 있는 사람은 어디에도 없지만, 사람들은 누구나 다 자신만은 예외라고 생각한다. 마음만 잘 다스리면, 건강관리만 철저히 한다면 다른 사람은 몰라도 나만은 언제까지나 젊게 살 수 있을 것처럼 생각한다. 누구나 나이는 들지만, 결코 늙지 않는다고 고개를 흔든다. 지금 같은 세상에서 늙는다는 것을 받아들이기란 결코 쉬운 일이 아니다.

그분들 덕으로 오늘의 우리가 있음에도 불구하고, 그 모든 것을 마치 없었던 일처럼 기억하지 않고, 때로 부정당하는 세상에서 늙는다는 것은 마치 패배를 인정하는 것처럼 보인다. 그런 세상에서 누군들 늙는 것을 받아들이려 하겠는가. 그러나 우리는 누구나 나이를 먹는다. 그런 의미에서도 노후老後란 말은 없다. 노년 공감이란 단순히 한 개인의 생물학적 성숙에 대한 이야기만은 아니다. 그것은 우리 사회, 공동체 구성원 모두가 생명, 타인, 그리고 나 자신에 대한 이해와 공감으로 조금 더 성장하는 계기에 대한 이야기이다.

차 례

거대한 도시와 노인의 새로운 삶

시니어가 시니어와 함께 이런저런 이야기

평등한 노년의 삶을 위하여

가족의 재구성, 관계의 재구성

최현숙
구술생애사 작가, 여성주의생애사연구소 대표

사회자

· · · · ·

최현숙 선생님을 소개해드릴게요. 선생님은 여성주의생애
사연구소 소장이시고, 무엇보다도 구술생애사 작가로 활동
하고 계십니다. 우리 사회의 보이는 않는 곳에서 이름 없는
삶을 살았던 분들의 생애 전체 이야기를 구술로 인터뷰해서
책으로 출판하는 일을 주로 해오셨어요. 아마 우리나라에서
구술생애사 부문에서는 단연코 독보적인 존재가 아닌가, 저
는 그렇게 생각합니다.

사실은 저도 선생님을 직접 뵙고 싶어서 사회를 맡아 이
자리에 나왔습니다. 그동안 내신 책으로는 가난한 중하층
8090세대 여성 세 명의 삶을 다룬《천당허고 지옥이 그만큼
칭하가 날라나?》가 있어요. 책 제목이 입말 그대로죠. 이 책
을 2013년에 내셨어요. 그리고《막다른 골목이다 싶으면 다
시 가느다란 길이 나왔어》는 50대, 60대, 70대 여성 세 명의
구술생애사이고 2014년에 출간하셨지요.

2016년에는 70대의 남성 독거노인 두 명의 삶을 다룬《할

배의 탄생》이라는 책을 내서서 굉장히 큰 인기를 끌었어요. 이를 통해 가난하고 못 배운 사람들의 목소리와 생애 내력뿐 아니라 그들의 삶이 정치, 경제, 사회적으로 어떻게 얽혀 있는지도 드러내는 생애사 작업을 하고 계십니다. 또한 빈곤이나 나이 듦, 죽음 등에 관한 현장 이야기와 함께 이 문제를 어떤 시선으로 보고 살아내며 함께 연대해 나갈 것인가에 대한 글들을 쓰고 계세요.

제가 학생들에게 가끔 '너네 가족은 누구누구야?' 하고 물어보면, 대개는 엄마, 아빠, 오빠, 그리고 나, 이런 식으로 이야기를 해요. 오빠는 때에 따라 형이나 누나, 언니 등으로 바뀌겠지요. 가족의 개념이 과거에는 할아버지, 할머니도 포함되어 있었어요.

그런데 요새 젊은 친구들한테 물어보면 할아버지, 할머니가 어느 샌가 사라져서 가족의 범주 안에 들지 않고 친족 개념으로 나와 있죠. 반면 집에서 키우는 반려동물은 가족 범주에 끼어주는 경우가 많더라고요. 그런데 그와 같은 4인 중심의 핵가족 체재도 이제는 사라져 가고 있는 상황입니다.

예를 들면 독거노인을 포함해 1인 가구도 굉장히 많이 늘어나고 있는데, 이것이 우리 사회의 큰 문제가 되면서 새로

운 가족 형태가 될 수 있는 거지요. 그래서 가족의 변화 속
우리들의 삶, 특히 우리 사회 노인들의 모습과 더불어 평등
한 노년을 살기 위한 자세에 관한 말씀을 최현숙 선생님을
통해 듣겠습니다. 큰 박수로 환영해 주십시오.

최현숙

:
:
:
:

　사회자분의 멋진 소개를 받은 최현숙이에요. 여러분을 뵙게 되어서 반갑습니다. 오신 분들을 둘러보니 우선 나이 대에서 각별한 점이 있네요. 심지어 이 앞에는 20대 중반도 계시고, 20대 후반부터 30대, 40대도 여럿 계시고, 5060세대로 보이는 분들도 많이 계시네요. 혹시 70대도 계신가요? 없으세요?

　저도 올해 대한민국에서 세는 나이로 육십 둘이에요. 매우 다양한 분들이 나이 듦에 대해서 관심을 갖고 오신 것에 대해 아주 좋은, 그리고 각별한 현상이라 생각하면서 제가 준비한 강의를 시작하겠습니다.

　나이 듦에 대해서 우리 사회가, 특히 안티에이징을 내세우는 기업들이 계속 부정적인 이미지들을 만들어오고는 있지만, 사실은 나이 들어보니까 어떠세요? 이 앞에 계신 선생님이 좀 연배가 있어 보이시는데, 어떠신가요? 나이 든다는 게.

　(저는 뭐 괜찮은 거 같아요. 그냥 시간이 가면서 나이는 먹는 거죠.)

그렇죠. 저랑 같은 생각이십니다. 나이는 그냥 오는 거죠. 시간이 흘러가면서 나이는 자연스럽게 오는 거예요. 우리보다 더 나이가 많은 어르신들 중에서도 '모든 나이는 살아볼 만하다'라고 말씀하시는 분들이 많으세요. 저 역시 차곡차곡 나이를 먹어가면서 그렇게 느끼는 것 같아요.

'아, 내가 이렇게 50대를 살고 있구나', '아, 내 60대는 이렇구나' 하며 구체적으로 나이를 살고 느끼고 깨달아가면서 모든 나이대가 나름대로 살 만한 거 같아요. '어느 때가 더 좋았다'라기보다 그저 오는 나이와 삶을 수긍하면서 살다보면 나이 듦은 결코 부정적이거나 어두운 것은 아니라고 생각해요.

지금 제가 말씀 드릴 내용이 '가족의 재구성과 노년의 삶'이어서 노인 이야기가 많고, 또 우리 사회에 노인과 관련된 다양한 어두운 문제들이 많이 이야기 될 수 있어서 아마 조금 어둡게 혹은 부정적으로 무겁게 느껴질 수 있다고 생각합니다. 저는 오히려 나이 듦을 포함해서 가난의 문제라든지 늙음과 죽음이라는 의제에 대해 부정적으로 생각하고 느끼는 그 인식 자체를 바꾸어야 한다는 생각이에요.

여러분도 만약 저의 어떤 이야기가 좀 어둡고 무겁게 느끼신다면, 자신 안의 어떤 것들 때문에 이 이야기를 어둡고 무겁게 혹은 부정적으로 느끼는 걸까 하는 질문을 스스로에게 하며 자신의 내면을 살피시면서 같이 생각을 나눴으면 좋겠습니다.

오늘 강의의 큰 제목을 〈평등한 노년의 삶을 위하여〉로 잡았어요. 저 '평등'이라는 단어의 의미는 단지 경제적 측면만을 말하는 건 아니에요. 우리 사회가 돈을 아주 중요하게 여기기 때문에 경제적인 측면의 평등도 당연히 포함되지만, 단순히 경제적인 측면을 넘어 정서적, 심리적, 문화적 측면 등 다양한 측면의 평등을 의미한다고 받아들이시면 좋겠어요.

다음으로 부제를 '가족의 재구성, 관계의 재구성'으로 잡았어요. 우리가 지금까지 살아오는 동안 사회가 변화해 오면서, 그 사회 속에서 가족이 구체적으로 어떻게 변해왔는가, 가족의 변화 속에서 구성원들 간 관계는 어떻게 재구성되어 왔는가를 생각해보려고 합니다.

예를 들어 지금 60세를 넘으신 분들의 경우, 어린 시절 다섯, 여섯 살 혹은 열 살 시절에 같이 살았던 가족의 모습과 지금 60세가 넘은 상황에서 살고 있는 가족은 여러 면에서 많이 변화하였지요. 물론 구성원들 개개인도 많이 바뀌었겠지만, 그 이외에 가족의 형태, 가족 간의 관계, 이런 것들 역시 아주 큰 변화를 겪어왔어요. 그래서 사회의 변화 속에서 가족이 어떻게 변화 혹은 재구성 되어왔는지, 그리고 그 속에서 가족 구성원들 간의 관계가 어떻게 변화되어왔는지를 살펴보려고 해요.

이러한 변화 혹은 재구성을 살피는 이유는 현재를 제대로 바라보기 위해서이고, 현재를 제대로 바라보고 수긍하며 성찰하는 것을 통해 미래를 잘 준비하자는 것이지요. 오늘 주제로 좁혀서 이야기하자면 노년을 맞는 우리 각자의 현재를 제대로 확인하고 미래를 준비하자는 이야기라 할 수 있겠습니다.

말씀드릴 주제를 세 가지로 정리해 보았어요. 첫째는 '가족의 변화 속 가족 구성원들의 변화'입니다. 둘째는 '차이에 따라 다양한 노년들'로 잡았어요. 노년들 안에서도 다양한 차이가 있죠. 노인이라고 다 똑같은 사람이나 상황이 아니랍니다.

노인 개개인들은 상당히 개별적이고 복합적이에요. 그러니 좌표 상에 노인 개인들을 넣어 보려고 할 때 부부 간이어도 성별에 따라 다르고, 같은 계층이어도 나이에 따라 달라서 노인들 사이에서는 아주 다양한 차이들과 변수들이 있지요. 예를 들면 성별과 지역과 계급 계층과 나이 등의 차이에 따라 어떻게 다른 노년기를 살고 있는가를 이야기 나누려고 해요.

마지막 세 번째는 오늘의 주제라고도 할 수 있는데, '살기 좋은 노년을 위한 '나이 듦'을 마중하는 시선'에 대해 생각해 보려고 합니다. 어떤 분들은 이미 노인이 되셔서 구체적으로 노년의 삶을 살며 자기 삶을 겪고 느끼고 혹은 깨달아 가는 분들도 계시고, 어떤 분들은 장차 10년 혹은 40년 후에 노년의 삶을 살 텐데, 지금 노인들과 20대의 청년들이 겪을 노년은 굉장히 다른 세상이겠지요. 그럼에도 불구하고 자신의 노년을 예상하고 상상해 보면서 우리가 한 시민이자 노인으로서 어떤 가족과 사회를 만들어 갈지에 대해 생각해 보도록 하겠습니다.

01

가족의 변화 속
가족 구성원들의 변화

압축적 근대화 속
가족의 변화

먼저 '압축적 근대화'의 의미와 함께,
이 압축적 근대화라는 우리 사회의 특징 속에서 가족이 어떻게 변화해 왔는가를 살펴보려고 해요. 풀어서 말씀드리면 봉건사회에서 시작해 4차 산업혁명사회에 이르기까지 '대가족'에서 '핵가족'을 거쳐 '배타적 내 가족중심주의'로 흘러온 가족의 변화를 살펴보는 거지요.

다음으로는 그 가족에서 구성원 각자와 구성원 간의 관계가 어떻게 변화되었는지를 살펴보겠습니다. 세 번째로는 혼인과 혈연에 의해 부모 자녀를 모두 갖춘 소위 '정상 가족'과 그렇지 않은 다양한 가족 혹은 가족에 버금가는 공동체에 대해 생각해보면서 시대에 맞는 가족 개념의 확대 및 가족 구성권의 변화로 인식을 확장해보려고 해요.

그 다음에는 '가족과 국가'라는 주제를 통해 국가가 국민을 관리하면서 왜 개인 단위가 아닌 가족 단위로 관계를 맺으려 하는지, 이를 통해 국가가 도모하려는 사회 체제는 어떤 것이며, 시민으로서 이 문제를 어떻게 바라볼 것인가를 생각해보려고 해요.

마지막으로는 지금 이 시대에 가족 구성원이자 시민인 우리들의 삶을 가족과 연관해서 세대별로 살펴보고자 해요.

우선 '압축적 근대화'라는 문구에 대해 이야기해 보자고요. 요즘 책을 읽거나 강의를 듣다보면 '압축적 근대화'라는 문구를 자주 만나실 거예요. '우리 사회가 압축적으로 근대화됐다' 혹은 '우리 사회의 지금 모습은 압축적 근대화의 특징을 가지고 있다', '그래서 많은 혼돈과 갈등이 한꺼번에 뒤섞여 드러나고 있다'라는 설명들이 나와요.

네, 문자 그대로예요. 근대화가 굉장히 압축적으로 이루어졌다는 것을 의미하는 문구예요. '압축적 근대화'란 간략하게 설명 드리자면, 봉건사회에서 현대사회까지의 변화를 '매우 짧은 시간에 압축적으로', 다시 말해 '100년도 채 안 되는 기간 동안 급속도로' 진행해 왔다는 것을 의미하는 사회 용어입니다.

여기서 말하는 현대사회란 여러 가지로 설명할 수 있겠지만 AI, 생명공학, 4차 산업혁명에서 보는 첨단 과학 기술, 그리고 정치적 민주주의, 경제적 신자유주의, 개인주의의 확산 등이 그 특징이라 할 수 있지요.

일반적으로 서양의 근대화는 신을 중심에 놓은 15~16세기의 르네상스에서 시작해 종교개혁에 의한 인간 중심과 개인주의 사상이 확장되는 과정을 거쳐, 17~18세기에는 산업혁명과 자본주의의 태동과 함께 시민혁명으로 시민민주주의가 확장되었고, 최근에 와서는 과학 기술의 발달로 인한 첨단 과학 사회로 변화 발전해 왔어요.

물론 그 발전이 좋은 발전이냐에 대해서는 여러 이견이 있을 수 있지만 어쨌든 그렇게 변화해 왔지요. 그런데 이 변화의 흐름이, 짧게는 200년 길게는 400년의 오랜 시간 속에서 이루어 냈다고 설명되고 있어요. 그런데 동아시아의 신흥 개발국들, 그중 특히 한국은 채 100년이 되지 않은 아주 짧은 기간에 그 많은 변화의 소용돌이를 거쳐 왔다는 의미에서 우리 사회가 '압축적 근대화'를 겪었다는 거지요. 이런 압축적 근대화 속에서 많은 것들이 급속도로 뒤섞이며 변화하면서 그 속에 살고 있는 사람들과 사회와 가족은 큰 혼돈과 갈등을 경험하며 살아가고 있는 겁니다.

예를 들어 현재 만 85세인 1933년생 한국 노인은, 일제 강점기이자 농업 중심의 봉건사회에서 태어나 산업사회와 자본주의로 확산되는 사회를 거쳐 현대의 첨단 기술 사회와 개인주의 사회를 한 개인의 생애 동안 모두 겪어 왔어요. 물론 그 과정에는 해방과 좌우 갈등과 6.25전쟁과 분단, 이어서 이승만부터 박근혜까지 모든 대통령들이 불행한 최후를 맞을 정도의 정치적 격변과 혼란 등 한국 사회 나름의 각별한 역사를 경험한 것이고요.

한 사람이 이 모든 격변을 겪는다는 것은 사회 문화적으로 상당히 상층의 삶을 살아온 많이 배운 사람들의 경우라 해도, 어떤 면에서 적응이 거의 불가능하다는 생각이 들어요. 조금 더 풀어서 말씀드려 볼게요.

일제 강점기 사회에서 근대화가 시작되었다고는 하지만 구체적으로 마을 사람들의 삶, 가정 안에서의 일상생활은 상당히 봉건적이었고, 대부분의 사람들은 농업이 주업이었어요. 농경 사회 속에서 가족 구성은 어떤 모습이었죠? 맞아요. 대가족이었어요. 그 대가족들이 일터와 집이 따로 구분되지 않은, 집을 나가서 멀지 않은 곳에 논과 밭이 있는, 한 마을 단위 안에서 주거와 밥벌이가 이루어지는 생활을 했지요.

집 바로 근처에 일터가 있다 보니 아기만 빼고 모든 가족이 밥벌이 즉 생산을 위한 노동력이 되어 함께 일했어요. 노인은 노인으로서의 노동을 담당했고, 손주들도 아주 어릴 때부터 어른들을 도와 일을 했지요.

학교에 들어가기 전에도 더 어린 동생을 봐준다든가 해서 집안 노동력에 보탬이 되었습니다. 여성 노인들 이야기를 들어보면 동생을 봐주느라고 학교를 못 다닌, 다니다가 그만 둔 이야기들이 많이 나와요. 물론 학교에 들어가도, 학교 갔다 오면 소키우고 물 길어오며 집안일과 농사일을 나누어 했지요.

바쁜 농사철에는 학교 안 보내는 집들도 많았어요, 일손이 모자라서. 물론 남녀 간 차이는 봉건사회에서 더 컸지요. 제가 전라도 출신 할머니들의 생애를 인터뷰하면 자주 나오는 이야기가 시집가서 친정에 편지질 할까봐 딸은 공부를 안 시켰다고 하고, 경상도 할머니들은 시집가서 시댁 어른들이나 남편한테 대들까봐 여자애들은 안 가르쳤다는 말들이 많이 나와요.

이 남녀 간 차별의 문제는 지금도 상당하지요. 많이 바뀌었다고 하지만 다양한 사회적 수치들을 보면, 그리고 여성들의 구체적 삶을 들여다보면 이 압축적 근대화 속에서 성별 간 차별이나 인식의 차이는 혼돈된 채 사회 곳곳에서 문제로 터지고 있어요.

하여튼 농경사회에서는 어린 아이부터 죽음이 멀지 않은 노인까지 움직거릴 수만 있으면 가족 모두가 노동력이자 가족 구성원으로서 한 집에 함께 살 필요가 있었고, 그런 대가족과 봉건사회에서 만들어진 시대의 규범들이 있었지요. 대가족이 존속하고 그에 맞는 규범들이 온존했던 이유는 집과 일터가 분리되지 않은 농경사회였기 때문인 측면이 크다는 생각이에요.

그런 사회와 그런 가족에서 생애를 시작한 사람들 중 지금 살아계신 분들이 아주 많지요. 기껏해야 80년 전 이야기예요. 지금 여든 근처이신 분들, 혹은 그보다 좀 젊은 분들도 그런 사회와 가족 속에서 삶을 시작해 인공지능이니 유전자가위니 하며 4차 산업혁명을 운운하는 현대사회를 노인으로 살고 있는 거예요.

제가 1957년생으로 지금 육십 둘이에요. 그래도 대학도 나오고 '글을 쓰네, 강의도 하네' 하고 사는 사람이지만 저도 어떤 첨단 과학이나 문명은 포기하고 살아요. 예를 들면 일상에서, 스마트폰의 수많은 기능 중 제가 알고 있고 필요한, 혹은 배우기 쉬운 기능들만 써먹을 생각을 하고, 나머지는 포기하는 기능들이 많아요.

욕심을 좀 내서 그거 다 배우려고 하다가는 아무리 설명을 들어도 무슨 소린지도 모르겠고, 젊은 애들한테 쪽팔리고, 그러다보면 신경질까지 나서, '난 그거 모르고 살다 죽을 란다' 이렇게 포기해버리는 게 많다는 거지요. 그러니 팔구십 노인들은, 게다가 가난하고 못 배운 노인들은, 얼마나 적응이 불가능하겠냐는 거지요.

제가 경북 달성군 우록리라는 산골마을에서 평생 농사만 짓고 살아온 할머니들 열 분의 생애사 작업을 했는데, 그분들뿐 아니라 도시에서 가난하게 사는 할머니, 할아버지들 역시 인터뷰 과정에서 공통적으로 하시는 말씀들이 있어요. '나 어려서는 한겨울에도 냇가에 가서 꽝꽝 언 얼음을 깨뜨려서 빨래하고 샘에 가서 물을 길어오고 그랬는데, 지금 세상은 얼마나 좋냐? 따뜻한 부엌에서 수도꼭지만 틀면 뜨거운 물이 펑펑 쏟아지고. 이런 세상을 좀 일찍부터 살지 못하고 죽는 게 억울하다'라는 말씀을 할머니마다 하세요.

그 말하시다 말고 다른 이야기로 넘어가면서 곧바로, '뭐, 이런 놈의 세상이 다 있냐? 무슨 놈에 물을 슈퍼에서 사다 먹고. 미세먼지니 뭐니 해서 창문을 닫으라는 건지 열라는 건지. 매일 자식들이 뭐라 하는데 어떡하다 이런 세상이 돼버렸냐?' 이런 말씀들이 이어져요. 여기 나이 오십 넘는 분들 모두 다, 어렸을 때 생수병에 든 물을 사먹는 세상, 사람들마다 노인들까지 일일이 휴대폰을 들고 사는 세상을 상상이나 해보셨어요?

유튜브라는 게 나오니까 열심히 좇아가고 카톡이니 텔레그램이니 페이스북이니 하는 것들이 나오니까 열심히 좇아가고 하다가, 어느 지점부터는 포기하는 거지요. 학문이든 직업이든 과학이든 자기 분야에서 소위 전문가라고 하는 사람들조차 자기 분야가 아닌 다른 분야에 대해서는 이 급변을 못 좇아가거나 심지어 어떤 변화가 있는지조차 알아채지도 못하고 살아가고 있어요. 문과 교수들에게 이공 계열 쪽 생명과학 분야 이야기를 하면 단어조차도 금시초문이라 하는 교수들이 많아요.

이러한 급변을 가족을 놓고 생각해 보자고요. 농경사회는 혈연과 남성 가문 중심의 대가족제도였지요. 단지 손주에서 조부모뿐 아니라 사촌들까지 큰집, 작은집 해서 한 집에서 살기도 했어요. 그러다가 산업사회의 시작과 함께 가족은 핵가족으로 차차 바뀌었습니다.

사회 전체로 보면 차차 바뀐 거지만 개별 가족의 아이 입장에서 보면 언젠가부터 할머니랑 어머니랑 할아버지랑 아버지가 무언가를 쑥덕쑥덕하고 무언가를 챙기고 하더니, 어느 날 학교가 끝나고 오자마자 갑자기 버스 타고 어딜 가서 난생 처음으로 기차라는 걸 타고 오밤중에 눈이 휘둥그레지는 서울이나 부산에 떨어지는 경험인 거지요.

산업사회에서는 주 생계부양자라고 하는 남편이자 아버지들이 집에서 멀리 떨어진 공장과 회사로 소위 '출근'이라는 걸 시작했고, 가족 돌봄을 맡은 아내이자 엄마들은 집과 동네를 중심으로 생활하면서 '주부'라는 단어가 만들어졌어요. 이 과정에서 노인들은 주로 고향, 시골, 농촌에 남아 자식들을 도시로 보내는 것이 그들의 희망이자 자식들의 욕망이었어요. 이런 '도시로, 서울로'의 열풍 속에서 심지어 고향에 남는 젊은이들을 자타가 모두 낙오자로 여겼던 것이 산업사회의 특징이자 변화였지요.

이렇게 산업사회는 점점 돈이 핵심 가치이고 성공의 기준이 되는 자본주의 사회로 되어 갔어요. 이 자본주의 사회가 복지제도를 중심으로 한 다양한 사회 안정망이 부족한 여건에서 경쟁과 각개전투의 사회로 극단화된 것이 바로 신자유주의 사회예요. 경쟁과 각개전투가 생존 방식인 사회이다 보니 경쟁에서 밀려나면, 해고되면, 실업자가 되면, 아예 취업 자체가 안 되면,

사회 안전망이 없는 사회에서 그나마 기댈 곳이 어디겠어요?

그렇죠, 가족이지요. 가족밖에 없다는 소리가 그래서 나오는 거예요. 물론 가족마다 다르지만, 그래도 가족이니까 내치치 않을 가능성이 많은 것입니다. 극빈의 가족이나 관계가 망가진 가족은 또 다른 문제이지만 그래도 아직 그렇지 않은 가족들이 비교적 많은 거지요. 이러면서 '믿을 건 가족밖에 없다'는 생각, '핵가족'이라는 단어로는 표현이 부족한 '배타적 내 가족중심주의' 생각들이 확장되고 있는 게 요즈음의 세태입니다.

그러다보니 가족은 더욱 더 폐쇄적이자 배타적으로, 심지어 불법적 대물림까지 횡행하면서 '내 가족 중심'으로 똘똘 뭉치는 모습들이 많아지고 있어요. 기업인들의 대물림이야 오래된 병폐이고, 정치인도, 목사도 자기의 재산을 포함해 여러 가지 기득권을 자식에게 대물림하려는 불법과 탈법이 늘어나고 있지요.

많이 가진 사람들이 이러다보니 덜 가진 사람들도, 덜 가진 그것만이라도 대물림하려고 자기보다 더 못 가진 사람들을 밀어내고 있어요. 심지어 기업 회장이나 사장이 아닌 노동자들의 조직인 노동조합에서, 노사 교섭 조항에 정규직을 자기 자식에게 대물림해달라는 조건을 넣는 경우까지 있어요. 모두 '배타적 내 가족중심주의'의 모습입니다.

이러한 경쟁과 각개전투의 사회에서는, 가족 내에서도 효율과 쓸모를 중심으로 한 관계가 만들어지면서 내부 차이와 권력 관계로 인한 차별과 억압 가정 폭력의 문제가 발생하고 늘어나고 있지요. 물론 가정 폭력이나 가족 내 차별과 억압은 봉건사회에도 있었던 오래된 악습이지만 그 원인이 효율과 쓸모를 기준으로 일어나고 있다는 것은 신자유주의 사회의 특징입니다.

아동 학대나 노인 학대처럼 권력 관계에서 가장 약자인 사람, 혹은 효율 면에서 가장 쓸모없는 사람이 피해자가 되는 상황이에요. 나아가 부모와 자녀가 희생과 성과를 거래하는 '채권-채무자' 관계로 되어버리면서 성과를 내지 못하는, 낼 자신이 없는 자녀들은 소통 불가와 압박감 때문에 소위 탈선이나 자해로까지 이어지고 있습니다. 사회에 나가서 소위 성공이라는 걸 하려면 학교 성적이 좋아야 한다는 부모와 학교의 압박에, 소위 '이번 생은 망했다'는 의미의 '이생망'이라는 신조어가 중학교 학생들 사이에서 유행하고 있어요.

봉건사회에서 생애를 시작한 노인들이, 첨단 과학사회에서 태어나 자기 주장을 시작한 손주나 증손주와 혈연과 가족으로, 시민으로, 소비자이자 유권자로 함께 살아가고 있는 사회가 바로 지금 우리가 사는 사회예요. 그러니 세대 차이는 불가피한 거지요. 물론 세대 차이는 옛날 고리짝에도 있었겠지만요.

문제는 세대 차이의 시간 간격이 점점 더 좁아지고 있다는 겁니다. 요즘은 초등학교 3학년 아이가 '초등학교 5년 형들하고는 세대 차이가 나서 얘기를 못 하겠다'고 하는 농담을 할 정도로 짧은 간격으로 세대 차이가 벌어지고 있습니다. 이런 사회 속에서 지금 각자가 사는 가족을 좀 들여다보기로 해요.

제 가족을 사례로 말씀을 드려볼게요. 제 친정 가족은 1대가 86세 어머니와 90세의 아버지이고, 2대는 51세에서 64세까지의 다섯 남매와 그 배우자들이에요. 다섯 남매 중 저는 둘째이자 큰딸인 62세의 여성이며, 50세 즈음에 이혼해서 지금 1인 가구로 살고 있고, 자녀 둘은 모두 결혼해서 제게 손주가 셋이 있어요.

3대는 10대 말에서 30대 중반의 자녀와 조카들이 있고, 4대는 생후 5개월에서 일곱 살까지의 손주나 조카손주들, 1대 입장에서는 증손주들이 있는 거지요. 1대는 2대와 같은 집에 살지 않고 부모님은 경제적 중상층 노인들을 위한 실버타운에 살고 계세요. 저 빼고는 대체로 잘 사는 계층이거든요. 어머니도 열심히 경제 활동을 하셨답니다.

결혼한 사람들은 모두 분가해서 따로 살고 있고, 1대에서 4대까지 비교적 자주 만나는 편이에요. 이렇게 외연으로는 가족 혹은 친족 관계를 유지하고 있지만, 그 안에서의 세대 차이는 여느 가족과 다름이 없다는 생각이에요. 증조부모와 증손주 사이의 머나먼 차이뿐 아니라 바로 한 세대 차이인 관계에서도 세대 차이는 제가 보기엔 머나먼 거리예요.

심지어 51세부터 64세까지 2세대 안에서도 세대 차이가 드러나요. 이제는 바로 윗세대가 자기 젊은 시절의 경험을 바탕으로 다음 세대에게 충고나 제언을 하는 것이 거의 쓸모없는 시대가 되어 버렸어요. 혹시라도 후세대가 질문을 하더라도 윗세대는 답을 주는 게 거의 불가능해요. 너무 다른 세상이니까. 제가 보기에 최선의 답은 '너의 시대와 나의 시대가 너무 달라서, 나는 잘 모르겠다. 네가 원한다면 함께 길을 찾아가 보자'라는 말이라고 생각해요. 여차해서 묻지도 않았는데 충고나 제언을 먼저 하는 윗세대는 뭐가 되는 거지요? 맞아요. '꼰대'가 되는 거예요. 윗세대가 해줄 건 물적 지원이 거의 전부라고 보여요.

자, 제 가족 이야기를 통해 이제 여러분 가족을 떠올려 보자고요. 중년이든 청년이든 자신을 중심으로, 한 집에서 함께 사는 여부를 떠나 현재의 가족 혹은 친족 구성과 관계를 떠올려 보시고, 각자가 살아오는 동안 그 가족이 어떤 변화를 거쳐 왔는지, 어떻게 재구성되어 왔는지를 생각해 보자고요. 나아가 장차 개인과 사회가 변하면서 각자의 가족은 어떤 변화가 예상되는지, 그 변화에 대한 나와 가족들의 준비는 무엇인지, 다시 돌아가자면 오늘의 큰 주제인 '내 노년을 어떻게 준비하며, 어떤 태도로 늙음과 죽음을 맞을 것인지'를 가늠해 보았으면 해요.

개인 및 개인 간 관계의 변화

압축적 근대화를 특징으로 하는 우리 사회에서 세대 간 소통의 문제, 의료 과학의 발달로 인한 고령화 사회 속 늙음과 죽음의 문제, 성 평등 확장 속 여성과 남성의 갈등, 여성 노인과 남성 노인의 생애 과정과 인식과 정서의 차이, 빈부 차이의 극대화, 복지사회와 정치적 민주주의에 대한 개인들의 인식 차이, 반공 이데올로기와 정치적 격변 속 정치의식의 차이들이 드러나고 있어요.

저는 지난 박근혜 탄핵 정국 속 촛불집회와 태극기집회 간의 대치 모습은 압축적 근대화 과정, 특히 정치적 격변과 혼돈의 근현대사 과정에서 민주와 수구의 갈등이 가장 극명하게 드러난 현장이라고 생각해요. 두 집회 사이에서 주목했던 하나는, "이게 나라냐?"라는 피켓이 양쪽 모두에서 나온 것이었어요. 태극기집회 참여자들이 생각하는 국가와 촛불집회 참여자들이 생각하는 국가는 전혀 다른 국가라는 이야기지요.

자, 제 가족 이야기를 통해 이제 여러분 가족을

떠올려 보자고요. 중년이든 청년이든 자신을

중심으로, 한 집에서 함께 사는 여부를 떠나

현재의 가족 혹은 친족 구성과 관계를

떠올려 보시고, 각자가 살아오는 동안 그 가족이

어떤 변화를 거쳐 왔는지, 어떻게 재구성되어

왔는지를 생각해 보자고요. 나아가 장차 개인과

사회가 변하면서 각자의 가족은 어떤 변화가

예상되는지, 그 변화에 대한 나와 가족들의

준비는 무엇인지, 다시 돌아가자면 오늘의 큰 주제인

'내 노년을 어떻게 준비하며, 어떤 태도로 늙음과

죽음을 맞을 것인지'를 가늠해 보았으면 해요.

'국가란 무엇인가'를 놓고 벌어지는 이런 대치가 사실은 많은 가족 안에서 존재하는 것이고, 태극기집회 쪽 노인들이 집에 가면 내 아버지고 내 할아버지, 할머니들인데 가족이라는 이름으로 미우나 고우나 참고 견디고 혹은 피하며 드러내지 않다가 대통령의 탄핵 정국을 계기로 광장에서 아우성을 치며 드러난 거지요.

대통령에 대한 인식 차이를 보자고요. 태극기 쪽 입장에서는 봉건왕조 시대의 '마마'라는 용어까지 나왔다면, 촛불 쪽 입장에서 대통령은 시민에 의해 다수결로 선출된, 시민의 주권을 위임받은, 최고위 공무원 즉 가장 많은 책임을 져야 하는 공무원이었어요. 대통령에 대한, 국가에 대한, 이 인식의 극명한 차이가 주말 집회 시간에 광장에서만 있는 것이 아니라 우리 가족들 안에 항상 존재합니다. 다만 집안에서는 가족, 식구, 혈연 등의 용어로 덮고 넘어가는 것뿐이지요.

저는 수구 노인들에 대한 혐오보다 그들의 정치적 입장이 만들어진 경로를 개인적, 사회적으로 살펴보는 것을 통해 그들의 정치 인식과 그렇게 모이는 마음을 이해하는 것이 중요하다고 생각해요. 제가 보기에 태극기집회 노인들의 아우성은 밀려난 세대들의 인정 투쟁의 측면이 많다고 생각해요. 물론 다음 세대 노인은 지금의 태극기 노인들과는 다르겠지만 어쨌든 고령 노인과 초고령 노인의 인구 비율이 점점 늘어나는 현실에서 여차하면 노인들의 정치적 입장이 젊은 세대들의 정치적 입장을 덮어버릴 수 있다고 봅니다.

지난 19대 대선, 박근혜를 탄핵시키고 맞이한 대선에서도 다른 누구도 아닌 홍준표 후보를 지지하는 표가 24%가 나왔다는 것은 노인들의 정치 세력화가 투표 결과와 사회적 의사 결정 및 정치 상황에 지대한 영향을 끼칠 수 있다는 방증이라고 생각해요. '제론토크라시^{gerontocracy}의 지배'라는 용어는 《사회를 바꾸려면^{社會を変えるには}》의 저자 오구마 에이지^{Eiji Oguma} 게이오대학 교수가 사용한 표현인데, 초고령 사회인 일본에서 중앙부터 지역까지 촘촘하게 '외부인'과 사회적 약자를 배제하는 고령자 지배 체제가 구축되어 있는 현실을 지목하고 있어요.

일본보다 훨씬 더 빠른 속도로 노인 인구가 늘어나고 있는 한국사회에 경종이 되는 주장이지요. 물론 한국과 일본 노인들의 경제 사회적 계층성에는 많은 차이가 있지만, 저는 1인 1표의 선거를 통해 정치판이 결정되는 사회에서 '노인 정치 세력화'의 양상을 잘 살펴야 한다고 생각해요.

가족이라는 이름으로 차이와 갈등을 덮어버리는 것에 대해 생각을 더 이어보았으면 합니다. '단란하고 행복한 정상 가족'

의 이미지를 국가와 종교와 기업과 일부 국민들이 전략적으로 선전하거나 매달리고 있는 한편에는, 폐쇄적이고 배타적인 가족 내에서 억압과 폭력과 갈등과 상처가 지속적으로 이어지지만 가족이라는 이름으로 은폐되고 있지요. '그래도 가족밖에 없다'라는 말과 함께 '전생의 '웬수'가 가족으로 만나는 징그러운 관계'라는 말과 현실도 공존하고 있어요. 제가 구술생애사 작업을 하면서 보면 평생의 가장 깊은 상처는 어린 시절 원 가족 안에서 만들어지거나 상처의 뿌리를 그 시절에 두고 있는 경우가 대부분이더라고요.

정상 가족과 다양한 가족

지금까지는 가족의 내부를 들여다봤다면 이제 가족의 외형이 어떻게 변화했는지를 보자고요. 계속 말씀드리지만 이런 다양성 혹은 이질성 등에 대해 '좋다', '나쁘다'로 규정할 것이 아니라는 거지요. 현상으로 받아들이고 거리를 두고 관찰하고 이해하며, 그 속에서 이 변화들이 왜 왔고 어떤 방향으로 흘러가고 있는지, 어떤 방향으로 흘러가게 하는 것이 보다 나은 개인이자 가족이며 사회인지, 그 변화에 나는 어떤 식으로 참여하고 개입하며 이웃의 삶과 관계를 수긍하고 재구성해 나갈지를 가늠하는 것이 중요하다고 생각합니다.

이른바 정상 가족이라고 여겨지는 혼인과 혈연으로 만들어진 가족이 여전히 가족의 이상이자 규범으로 여기지는 사회이지만, 이미 우리 사회에는 다양한 가족들이 많이 존재하고 있어요. 이루었던 가족을 더 유지하지 않겠다는 이혼, 여러 이유로 이혼까지 밀어붙이지는 않지만 구속과 규범에서 한결 자유로운 관계로 재구성하자는 졸혼, 사랑해서 함께 살지만 법적 결혼 관계에는 편입하지 않겠다는 동거, 아예 가족을 만들지 않겠다는 비혼, 자식이라는 가족 구성원을 만들지 않겠다는 비출산, 여러 이유로 갈수록 늘어나는 1인 가구, 법적 가족으로 인정받지 못해서 우리에게도 가족 구성권을 달라고 주장하는 동성애자들의 동반자 관계, 성애적 관계도 혈연도 아니지만 자신들의 공동체 관계가 가족에 비해 차별받는 것은 부당하다고 주장하는 장애인 공동체 등 가족에 버금가는 다양한 관계와 공동체 혹은 개인들이 늘어나고 있어요.

야마다 마사히로라는 일본 사회학자는 이런 변화에 대해 '우리가 알던 가족의 종말'이라는 표현을 썼어요. 이런 새롭고 다양하고 이질적인 현상과 변화 속에서 가족 해체나 과거로의 회귀가 아닌 현실을 담아내고 미래를 전망하는 가족 관계의 재구성과 가족 개념의 재구성이 절실한 현실이지요. 이를 위해서는 우리 시민들 역시 고정관념 속 '정상 가족'이 아닌, 시대 속에서 새롭게 구성되는 가족 관계와 개념을 함께 토론하고 만들어가는 과정이 필요한 것이지요.

가족과 국가

조금 전 제가 국가와 종교와 기업이 소위 '정상 가족' 관념을 전략적으로 선전하고 있다는 말씀을 드렸어요. 우리 근현대사 속에서 국가는 어떻게 가족을 통해 국민을 관리해 왔는지를 살펴보겠습니다. 왕조시대와 일제 강점기 및 이승만 정권까지는 건너뛰고 박정희 정권부터를 살펴볼게요.

1961년 5.16 군사 쿠데타로 집권한 소위 '혁명' 정부 국가재건최고회의 의장 박정희가 시작한 가족계획 사업은 집권 내내 국정 과제의 핵심이었어요. 이 가족계획 사업은 그의 죽음 이후 1986년까지 5차를 거듭한 '경제 개발 5개년 계획'의 핵심 과제이기도 했어요. 국가 경제의 관점에서 국민 수를 관리했다는 것이 가족계획 사업의 핵심이었습니다.

다시 말해, 가족계획 즉 국민의 수와 질을 국가 경제를 목표로 관리하는 것이 군사 정권 시절 전체주의 사회의 국정이었어요. 예순 근처의 모든 남성들은 젊은 시절 예비군 훈련을 가서 정관수술을 하라는 선전을 모두 들으셨을 거예요. 저는 1984년 둘째 아이를 임신해서 서울의 가난한 동네에서 살고 있었는데 보건소 버스가 동네를 돌아다니며 '원하지 않는 임신을 한 여성에게 무료로 임신중절 수술을 해준다'라는 방송을 하는 것을 자주 접했어요.

당시의 산아 제한 정책이나 지금의 출산 장려 정책이, 내용은 상반되지만 관점은 똑같은 거지요. 바로 국민 경제, 국가 경쟁력의 관점과 논리로 출산을 관리하는 것이지요. 이른바 촛불혁명이 세운 민주 정부라는 문재인 정부조차도 국민 경제와 국가 경쟁력을 명분으로 시민에게 아이를 낳아달라고 호소하고 있는 것은 국가와 시민의 관계 설정이 여전히 시대착오적이라는 이야기지요.

현재 저출산 고령화 사회 속에서 출산 장려 정책의 핵심 내용은 무엇일까요? 한 줄로 요약하자면 '일해서 번 임금으로, 세금 낼 시민이자 생산해줄 노동자 및 생산품을 살 소비자를 만들어 달라'는 것입니다. 풀어서 말하자면 '근면하고 말 잘 듣는 근로자, 주체적 판단을 가진 노동자가 아닌 근로자를 낳아서 생산을 늘리되 거기까지 키우는 비용은 우선 가족이 내라. 일해서 받은 임금으로 세금도 잘 내고, 소비도 잘 해서 시장도 살려라. 그러는 동안 결혼해서 또 근로자이자 소비자이자 납세자를 만들어 달라. 늙어서 일할 수 없어 돈을 못 벌게 되는 노인들 역시 다시 가족이 맡아라.' 이게 바로 저출산 고령화의 해결책을 복지국가로의 전환에서 찾지 않고 '아기를 낳아라 낳아라' 하며 찾으려는 국가의 관점이며 국정의 요약이자 핵심이에요. 이는 아이를 많이 낳으면 나눠먹어야 하는 사람 수가 많아져서 국가 경쟁력이 떨어지고, 결국 나라도 가정도 '거지꼴을 못 면한다'라고 선전하던 산아 제한 정책과 등 붙은 쌍생아의 형국인 거지요.

박정희의 '낳지 마라!'가 성공을 거둔 데 반해 2000년대 중반부터 이어진 '낳아라, 낳아라!'는 실패를 거듭하고 있어요. 옛날에는 국가 경쟁력이 높아지고, 100만 불짜리 1,000만 불짜리 수출 탑이 늘어나면 그 물품을 생산한 공장 근로자들의 살림살이도 점점 좋아질 거라고들 생각했습니다.

하지만 이제 시민들은 진상을 알아버렸어요. 국가와 대기업이 노상 말해왔던 '낙수 효과', 위에서 잘사는 사람들 밥그릇이 차고 넘치다보면 아래에서 못 사는 사람들 밥그릇도 차고 넘치는 날이 올 거라는 낙수 효과 논리가 거짓말이라는 걸 알게 된 거예요. 청년들은 '그 국가 경쟁력이 나랑 무슨 상관이냐, 내가 당장 못 먹고 사는 게 힘든데, 결혼해서 전세방 얻기도 힘든데, 무슨 국가 경쟁력을 위해 나한테 애를 낳으라고 하느냐?'고 외치는 거지요.

분배가 제대로 안 되면 서민들의 살림살이는 나아질리 없고, 갈수록 빈부 차이만 확대된다는 걸 깨달아버린 거예요. 박정희 시대와 지금 시대 그 5~60년 사이에 국가만 빼놓고 세상도 시민도 변했습니다. 정부가 말하는 '국가 경쟁력'이니 '국민 경제'라는 게 내 살림살이와는 완전 딴판이며, 더구나 '부강한 나라'니 '행복한 가정'이니 '사람의 도리'니 하는 타령에 이용만 당하는 판이라는 걸 시민들이 알아버린 겁니다.

국가가 부강해지면 개인이 부강해진다는 말이 도대체 서민들에게는 해당사항이 아님을 알게 된 거지요. 더구나 사는 게 갈수록 힘들어지는 판에 내 돈과 돌봄 노동을 들여 납세자이자 근로자로 차출될 노예를 더 이상 만들어주지 않겠다는 생각을 시민들이 하게 되었고요. 그런데도 국가는 여전히 국민의 출생을, 인구의 수와 질을, 국가 경제의 관점에서만 보는 것이고, 더구나 아직도 가족 단위로 국민을 관리하려고 하지요.

최근에 전남 지역에서 농민 수당 이야기가 나오고 있어요. 일정 조건을 갖춘 농민 가구들에 대해서는 지자체가 재산과 소득에 따라 수당을 지급한다는 거예요. 상당히 좋은 생각이라 여겨지죠? 그런데 어떤 농민들은 반대하고 있어요. 누굴까요? 어떤 농민들이 농민 수당을 가구 당 지불하는 것에 반대할까요?

네, 여성농민회에서 반대하고 있어요. 가구 당 지급이 아닌 농민 당 지급으로 하라는 거예요. 가구 당 지급을 하게 되면 대체로 누구 통장으로 들어가나요? 그렇지요, 세대주 통장, 남성 통장으로 들어가는 거지요. 가구 당 개념은 이렇게 가구 내의, 가족 내의 다양한 층위를 무시할 수 있고, 그러다보면 가족 내부에서 소수자의 위치에 있는 사람에게는 불이익이 될 수 있어요.

뭐, 요즘은 여자가 더 세다는 말들도 많지만 현실에 대한 논의는 다른 자리로 미루고, 정부 정책에 얼마나 가족 내 관계, 특히 성별 관계에 대한 배려가 있는가의 문제입니다. 전국 농민들의 조직은 이 농민 수당에 대해 찬성 입장을 냈는데, 지역의 여성농민회에서 문제 제기를 한 거지요.

성별에 따른 차별은 여성들이 문제 제기하지 않으면 남성들은 문제인지조차 모르고 지나가는 경우가 많아요. 그만큼 우리 사회에 성 차별이나 남성 중심 사고가 공고하게 굳어져 있다는 이야기이고, 남성들은 물론 여성들조차 관습이 되어버렸다는 거지요. 이 문제 제기는 아직 결론은 나지 않고 논의 중인 사안이에요.

국가가 시민 개개인과 책임과 의무의 관계를 맺으려는 것이 아니고, 가족 단위로 관계를 맺으려는 이유는 무엇일까요? 여러 맥락이 있지만 간단하게 요약하자면, 국민 개개인의 출생부터 죽음까지의 모든 짐을 우선 가족에게 넘기자는 겁니다. '가족 사랑'이나 '단란하고 행복한 정상 가족'이라는 이미지를 확장시키면서 말이죠.

그렇게 출생하고 양육된 국민이, 근로자와 소비자와 납세자로서 기업과 시장과 국가에 충실하게 복무해주기를 바라는 것이 보수 정권의 국민에 대한 관점입니다. 그런 면에서 현 정부 역시 저는 보수적이라고 생각해요. 가장 올바른 형태는 국가와 시민이 갖는 권리와 의무 관계가 국가 대 시민 간에 1대 1로 맺어지는 것입니다.

시민은 재산과 수입에 따른 세금 등 의무를 지불하고, 국가는 시민의 생애 사이클에 따라서 출산 수당, 아동 수당, 무상 교육, 청년 수당, 실업 수당, 노인 수당 등 시민으로서의 권리를 보장해주는 거지요. 시민 하나가 다른 누구와 어떤 가족이나 공동체를 이루고 살며 각자의 재산과 수입과 복지를 어떻게 나누고 살것인가는 시민들이 알아서 하면 되는 거예요.

그런데 국가는 가족 단위로 경제 상황을 평가하고, 가족 중에서 능력 있는 생계 부양자가 있느냐 없느냐를 먼저 평가하고 있어요. 한 장애인이나 빈곤한 사람이 아주 열악한 처지라 하더라도 직계 가족 안에서 살 만한 사람이 있으면 그들의 관계가 깨졌는지, 유지되는지를 확인하지 않고 우선 가족에게 책임을 떠넘기려는 정책이지요. 그러다가 '우리 가족은 그렇게 정상적이지 않다'라는 것을 여러 가지로 조사당하고 입증하고 나서야 국가가 별 수 없이 그 국민의 기초 생활을 좀 책임지겠다는 것이 우리나라 복지의 기본적인 입장이죠.

기초노령연금을 하위 70% 노인에게 주되 재산을 평가해 액수에 차등을 두고, 그 재산 평가에서도 역시 부양 의무자들, 대체로 자식들의 재산과 수입을 중요하게 평가해서 줄지, 안 줄지, 액수를 얼마로 할지를 결정하지요. 빈곤 가구에 대한 국민기초 수급은 더욱 그렇습니다. 기초 수급에서는 자식뿐 아니라 부모도 부양 의무자에 포함되어요. 빈곤한 50대 남자가 있을 때 이 남자의 80대 부모가 돈이 많으면 수급 자격이 없어져요.

청년들의 삶
- 2030세대

이렇게 가족 단위로 평가해서 복지를 전달하는 게 국가가 시민들과 관계 맺는 방식인데 이런 국가와 시민의 관계 맺기 속에서 가족이라는 범주를 중심으로 지금 청년들의 삶을 살펴보았으면 해요. 요즘은 이제 아이를 낳지 않겠다, 못 낳겠다, 가족을 이루지 않겠다고 하는 사람들이 많아지고 있어요. 그리고 젊은이들의 비 출산 결정에 대해 많은 부모들이 환영은 못하지만 이해하고 동조할 수밖에 없는 게 현실이에요.

자식들의 세상은 취업이 힘들거나 불안정한 사회이고, 따라서 아이 키우는 게 너무 힘들고, 갈수록 서민들의 살림살이가 나아지기 힘들다는 걸, 자신들의 시대와 다르다는 걸 부모들도 아는 거지요. 그런데 그런 사람들에게 대놓고 국가는 '저 출산 고령화'를 문제 삼아 자꾸 애를 낳으라고 하는 거예요.

나이를 기준으로 한, 생산력과 세금 낼 능력을 기준으로 한, 인구 비율만을 문제 삼는 거예요. 전체 인구수가 적정한가 하는 문제는 전혀 논의하지 않고, 인구 비율만 문제 삼는 것에 대해 어떻게 생각하시나요? 물론 '저 출산 고령화'는 문제입니다. 다만 문제를 보는 관점과 해결의 방향을 잡는 관점이 중요한 거지요.

저는 '저 출산 고령화'의 근본 원인이 신자유주의로 인한 빈부의 양극화라 보고, 해결 방향은 분배 패러다임의 전환이라 생각해요. 사실 사회 전체의 재화는 충분하거든요. 그러니 일단 있는 걸 잘 나눠먹을 방법, 즉 분배의 패러다임을 각개전투가 아닌 가능한 골고루 나눠먹는 방향으로 시스템을 만들고, 이를 통해 지금 살아가고 있는 사람들이 살 만한 사회를 만드는 거예요.

살고 있는 사람들이 살 만해야 그 사회에 자녀를 낳을 생각을 하는 거잖아요. 이런 놈의 세상, 싸구려 임금과 불안정한 일자리와 빈부의 양극화에도 불구하고 자식에 대한 책임을 부모에게만 떠넘기는 사회에서 애를 안 낳겠다는 젊은이들, 낳으면 부모 자식 모두 노예가 되어버린다는 걸 알아버린 사람들이 애 낳을 작심을 하게 하는 방법은 우선 살고 있는 사람들이 살 만한 사회를 만드는 것 말고는 다른 해결책이 없어요.

이왕 태어나 살아가는 사람들에게 늙어 죽기까지 살림살이가 살 만해야 그 세상에 사람을 낳을 생각을 하는 거지요. 대책 없는 출산은 어떤 면에서 무책임이자 방기로 여겨지는 거예요. 고령화와 저 출산이 정말 문제라면 누구에게 문제이고 누가 어떻게 책임져야 하는지 다시 제대로 질문해야 하는 거지요.

2018년 올해 2분기 합계 출산율은 0.97명으로 집계되었어요. 물론 금수저와 흙수저는 차이가 있어요. 2015년 소득 상위 20%의 평균 출생아 수가 2.1명인 데 반해, 하위 20%에서는 0.7명이었어요. 없는 계층에서는 '출산 파업'이라는 말이 현실이 된 거지요. 출산 파업을 하자고 누가 선동하고 조직한 게 아니고, 가난한 개개인들이 출산 파업을 할 수밖에 없는 여건인 겁니다.

저 출산을 심각하게 받아들이는 세대는 젊은 세대일수록 그 수가 적게 나오고 있어요. 막상 출산을 할 세대가 이 문제를 심각하게 받아들이지 않는 것은 문제 해결의 시작점과 방향을 찾는 데에 중요한 시사점이지요. 소위 '출산 가능 인구'인 2030세대는 윗세대들의 현재를 볼 때 늙어서 돈 없는 게 제일 큰 문제로 보여요. 더군다나 자식 세대가 부모 세대보다 가난한 첫 세대가 지금 젊은이들의 시대잖아요.

게다가 자신들의 노후에는 기대 수명이 100세가 훨씬 넘는다고 하잖아요. 뭐 그건 나중 일이라 치고 당장 하루하루가 각자도생인데 국가는 지금 노인들의 문제를 그들과 태어나지도 않은 그들 자녀들에게 떠넘기려고만 하는 거잖아요. 경제력이 있어도 가족으로 인한 부담이나 가족주의에 묶이고 싶지 않아 '화려한 싱글'을 선택하는 청년들도 늘어나고 있어요. 자기 부모 세대의 가족 관계의 모습, 성별 관계의 모습을 보며 가족을 만들지 않겠다면서 독신을 선택하는 여성과 남성들이 늘어나고 있다는 겁니다.

중장년의 삶
- 4060세대

대부분의 중장년들은 노인인 부모 돌봄과 더불어 자녀와 손주까지 돌보아야 하는 상황에 처해 있어요. 그리고 그들은 자식으로부터 노후에 경제적 돌봄을 기대할 수 없는 상황이라는 걸 알아요. 청년 실업이 확장되면서 '역 돌봄'이라는 현상도 늘어나고 있어요. 노인이 장성한 자식을 경제적으로 지원하는 것을 넘어 심지어는 독립했던 자식이 다시 들어와서 얹혀사는 상황이 늘어나는 거지요. 심지어 가난한 노인의 기초 수급비와 노령 연금에 매달려서 자식 세대들이 같이 먹고사는 일도 빈곤 가구에서는 늘어나고 있어요.

어떤 중장년 세대는 늙어서 거동이 불가능한 부모를 돌보기 위해 안정된 직장을 포기하고 임시직 노동을 선택하면서 차차 빈곤층으로 전락하는 경우들도 있어요. 특히 결혼하지 않은 비혼 중장년들, 그중 특히 비혼 여성들에게 노부모 돌봄이 떠넘겨지는 경우가 많습니다. 이런 중장년들은 노인 돌봄 과정에서 자신들 역시 빈곤 노인의 대열에 줄을 서는 것이고, 빈곤의 대물림이 더 강화되는 것이며, 그 연장선에서 노부모뿐 아니라 돌보는 중장년들 역시 고독사와 자살의 생애 맥락이 만들어지는 거지요.

그대로 놔두면 갈수록 상황은 더 악화될 것으로 보여요. 소위 '베이비부머'라고 아이를 가장 열심히 낳던 시대에 태어난 사람들, 지금 장년이고 예비 노인인 사람들, 대체로 54세에서 64세 사람들이 노인이 되는 시대는 노인 인구 비율이 가장 높은 시대인 겁니다.

제가 〈한겨레〉 신문 칼럼에 썼던 내용 일부를 발췌해 봤어요. 칼럼 제목은 '5060세대의 서늘한 '솔까말''이에요.

"노부모 돌봄이 주 내용인 오남매와 배우자들의 단톡방에 막내 동생의 톡이 떴다. 요약하자면, 아버지(90세)가 거듭 전화하시며 엄마(86세)가 많이 좋아지셨다고 아주 반가워하시더라는 거다. 대뜸 떠올라온 '오래 가시겠네'라는 내 생각을 들여다보느라, '다행 다행!!'을 늦게 달았다. 오십대 중반의 한 여성은, 요즘 자기가 젤로 부러운 사람은 양가 부모님들이 다 돌아가신 사람이란다. 이제 좀 돌아가실 만하면 병원이 또 살려내고 또 살려내고 한다는 말도 나왔다. 노인 상태가 급격히 나빠져 병원으로 모실지 자식들에게 연락을 하면, '병원으로는 안 모셨으면 한다'는 정중한 답이 늘고 있다는 요양원 직원의 말까지. 가족은 빼고 속이 통하는 또래들끼리라야 가능한, 여든 넘은 부모를 둔 5060세대의 서늘한 '솔까말'들이다."

저희 가족의 경우를 살펴보니 51세인 막내 동생네가 가장 많은 짐을 지고 있더라고요. 양가 부모님이 네 분 모두 살아계시고, 대학생과 재수생인 두 자녀 때문에 교육비가 아주 많이 들어가는 나이 대예요. 60대가 넘어가면 자식들도 돈 벌 때가 되는 것이고, 부모님도 상당히 늙거나 돌아가셔서 짐이 좀 줄어드는데, 지금의 50대는 당분간은 위로 아래로 상당히 골치 아픈 세대라고 여겨져요. 물론 그 50대가 남매 중 몇째이냐, 경제력이 어떠냐 등에 따라 다소 차이가 있기는 하겠지요.

02

차이에 따라
다양한 노년들

　청년과 중장년을 넘어 이제 사회와 가족 안의 노년에 대해 이야기하려고 해요. 수명 연장으로 노인 세대의 삶이 길어지면서 노년은 나이에 따라 다시 세분화되고 있어요. 65~74세를 전기 노인, 75~84세 중기 노인, 85세 이상을 후기 노인이라고 구분해요. 실제로 노인들 안에서도 나이에 따라 건강, 일상생활, 정서 등에서 큰 차이가 있어요.

여든 이전까지는 삶 쪽에 관심과 상황이 있다면, 여든 중반을 넘는 노인들 현장에서 죽음은 터부도 걱정도 두려움도 아닌 일상적이고 편한 이야깃거리예요. "죽어야 되는데", "다 죽는데 머가 무서워?", "치매랑 중풍이 겁나지, 죽는 거는 하나도 안 겁나", "딱 3일만 아프고 죽으면 젤로 큰 복이지", "제발 좀 부탁이니 살리지 좀 말라 그래", "하느님, 왜 지난밤에도 나를 안 데려가셨나요?" 이런 말씀들을 당신들끼리뿐 아니라 다른 세대에게도 편하게 하십니다.

노인 관련 사회적 수치를 살펴볼게요. UN은 총인구에서 65세 이상 인구가 차지하는 비율이 7% 이상을 고령화사회^{Aging Society}, 14% 이상을 고령사회^{Aged Society}, 20% 이상을 후기고령사회^{Post-aged Society} 혹은 초고령사회로 구분하고 있어요. 우리나라 통계청 인구주택총조사에 따르면 65세 이상 인구 비율이 계속 증가하면서, 2018년 현재 14.3%이고, 2060년에는 41.0%로 예상된다고 해요.

이미 우리나라는 고령사회에 들어선 것이고 말씀드린 것처럼 베이비부머 세대가 노인이 되면서는 노인 비율이 급증하겠지요. 경제사회적으로 우리나라는 65세 이상을 노인으로 규정

노인 관련 사회적 수치를 살펴볼게요.

UN은 총인구에서 65세 이상 인구가 차지하는

비율이 7% 이상을 고령화사회(Aging Society),

14% 이상을 고령사회(Aged Society),

20% 이상을 후기고령사회(Post-aged Society)

혹은 초고령사회로 구분하고 있어요.

우리나라 통계청 인구주택총조사에 따르면

65세 이상 인구 비율이 계속 증가하면서,

2018년 현재 14.3%이고,

2060년에는 41.0%로 예상된다고 해요.

하고 있어요. 국민연금 재정 등의 문제로 67세나 68세로 노인 시작점을 늦추겠다는 논의가 있기는 했지만 그러지 못했어요.

노인 수가 점점 늘어나는 와중이지만 노인들에게 지대한 영향을 미칠 노인 시작점을 늦추는 문제는 갈수록 어려워지리라 여겨져요. 선거에서 점점 많아지는 노인 유권자가 무서운 거지요. 실제로 노인들의 정치 세력화는 사회 전체에, 특히 젊은 세대에게 막중한 영향을 미칠 것으로 보입니다.

'인구 절벽Demographic Cliff'이란 미국의 재정·경제 예측 전문가인 해리 덴트Harry Dent가 내놓은 개념인데, '소비·노동·투자하는 사람들이 사라진 사회'를 말합니다. 그는 전 세계적인 베이비부머의 은퇴 이후 벌어질 현상이라고 설명했고, 한국 사회 역시 고령사회 진입을 통해 인구 절벽 현상이 늘어나고 있어요.

덴트가 2014년에 내놓은 책《2018 인구 절벽이 온다The Demographic Cliff》를 보면 한국의 사례가 수없이 인용되고 있어요. 이미 우리 안에서 진행되고 있고, 당분간 우리 모두에게 큰 영향을 미칠 것으로 예상되기 때문에 상당히 어두운 분석이지만 책 중 일부를 발췌해 볼게요.

'동아시아는 글로벌 경제에서 가장 역동적인 지역이지만 상대적으로 인구가 급격하게 고령화되고 있다는 약점을 안고 있다. 대표적으로 한국의 소비 흐름을 보라. 한국은 일본이 22년 앞서 그랬던 것 같은 경제 기적을 이뤘지만 2010년부터 소비가 정점에 도달해 2018년까지 정점에서 정체됐다가 이후 급격한 인구 절벽 밑으로 떨어질 것이다. 이 과정은 일본이 22년 전에 겪었던 것이다. 한국은 에코붐 세대가 거의 없어 일본보다도 상황이 더 암담하다.' (60쪽에서 발췌)

에코붐 세대란 베이비붐 세대의 자녀 세대로, 그들의 부모가 그랬던 것처럼 출산 붐이 메아리처럼 이어져 그래프 상으로 보면 작은 봉우리를 형성하는 세대를 말한다. '한국은 2018년 이후 인구 절벽 아래로 떨어지는 마지막 선진국이 될 것이다. (…) 결과적으로 한국은 2014년에서 2019년 사이에 대대적인 디플레이션에 대비해야 한다. 일본을 22년 후행하는 한국에서 가장 먼저 타격을 입는 것은 부동산이다.' ('한국어판 서문'에서 발췌)

이 책을 읽어보면 2018년 인구 절벽과 동시에 한국이 맞이하게 될 상황에 대한 언급이 또 있어요. 바로 1929년 세계 대공황으로 연결되었던 미국의 버블보다 더 악성인 중국의 버블이에요. 텐트는 중국에서 버블이 터지는 것을 '거대한 코끼리가 넘어지는 것'으로 비유하고 있어요. 그는, 한국은 전체 수출량의 50퍼센트가 중국으로 수출되고 있어서 중국 의존도가 가장 높다고 말하면서 중국 수출이 50%가 줄면 한국은 GDP의 6%가 사라지며, 이는 깊은 침체를 의미한다고 설명하고 있어요.

다시 한국의 통계청 조사로 돌아가 보면, 65세 이상 가구에서 '부부 가구'의 비율은 2015년 33.1%, 2016년 33.0%, 2017년 33.4%이에요. 전체 가구 중 1인 가구는 2015년 32.9%, 2016년 33.5%, 2017년 33.7%입니다. 전체 가구의 1/3이 1인 가구인 거지요. 1인 가구를 연령별로 보면 50세 이상 중·장년이 36.6%로 가장 많고, 30~39세 23.7%, 40~49세 21.0%, 15~29세 18.8%예요.

노인들이 자녀와 함께 살고 있지 않은 이유를 노인들에게 물었더니, '따로 사는 것이 편해서'라는 응답이 1위로 30.8%, '독립생활이 가능하기 때문'이라는 응답이 28.2%, '자녀에게 부담이 될까봐'라는 응답이 21.0%, '자녀의 직장, 학업 때문'이라는 응답은 17.3%이에요. 노인들 스스로 따로 사는 것을 편하게 생각하는 시대가 된 거지요.

주변 노인들에게 물어봐도, '움직거릴 수 있을 때까지는, 밥 끓여먹을 수 있을 때까지는, 혼자 사는 게 제일 편하다'는 말씀이 특히 할머니들 안에서는 거의 대부분이에요. 노인 복지 현장에서 보면, 노인들은 '이렇게 살다 3일만 아프고 죽었으면 좋겠다. 젤로 가기 싫은 곳이 요양원이고, 젤로 걸리기 싫은 게 치매다'라는 말씀들을 많이 하세요. 그러면서도 대부분의 노인은 결국 요양원에 갈 수밖에 없다는 생각들을 하시지요.

요양원에 가는 노인들 통계를 내보니까 자식과 살던 노인들이 훨씬 더 이른 시기에 더 많이 요양원으로 들어가요. 이 얘기는 자기 스스로 결정할 수 있다면 노인들은 가능하면 요양원에 안 들어가고 싶어 한다는 거지요. 그런데 자식이 결정을 하는 거예요. 자식이 나빠서 그런 결정을 하는 건 아니에요. 신자유주의 사회에서 자식이 노인을 모시고 산다는 건 거의 불가능해요. 누가 나쁘고 어째서가 아니에요. 사실 저는 모든 시설에 대해 반대해요. 하지만 이런 사회에서는 어쩔 수 없는 측면이 있는 거지요. 경쟁과 효율 중심의 사회에서 거동을 못하는 노인이나 장애인을 집에서 돌본다는 것은 너무 힘들잖아요. 하지만 노인이나 장애인 자신이 의사 결정을 할 수 있다면, 가능하면 시설에 안 들어가고 싶은 거지요.

노인 중에서 1인 가구 비율은 2017년 통계로 17%이고, 노인 1인 가구의 70%가 여성 노인이에요. 남성에 비해 여성이 상당히 오래 사는 거지요. 그러니 독거노인 문제의 70% 이상이 여성 독거노인 문제임에도 불구하고 실제 노인 정책이나 독거노인 정책은 상당히 남성 중심으로 이루어져 있는 것이 문제 중 하나입니다. 우리나라 관료들 속에 남성들이 훨씬 많다 보니 여성이 작정하고 모여 외치지 않으면 여성들의 상황과 요구를 모를 수밖에 없습니다.

이런 통계들 속에서 노인과 관련해 다양한 사회적 문제들이 여기저기서 늘어나고 있어요. 영화 〈국제시장〉 속 주인공 남성의 생애는 6.25 전쟁 중 흥남부두에서 '네가 이제 가장이다'라는 아버지의 말씀 하나를 평생의 사명으로 받들고, 오로지 가족을 건사하느라 희생하며 늙어가는 삶이지요.

주인공이 살았던 그 시대는 전쟁에 이은 분단으로 반공과 국가주의가 지배 이데올로기였던 사회예요. 부부 싸움을 하다가도 국기에 대한 경례를 하고, 월남전 참전과 독일까지 가서 탄광노동을 하며, 국가와 가족을 최고의 가치로 알고 성실하게 살아온 가장이에요.

그런데 아버지 제삿날 자식이나 손주들과 어울리지 못하고 아버지 사진이 있는 안방에 혼자 들어가서 벽에 걸린 아버지 사진을 향해 '아버지, 나 그래도 잘 살았죠?'라면서 옛날 그 흥남부두에서의 피난민 소년으로 돌아가 엉엉 우는 장면. 이것은 어떤 의미에서 잘못한 거 없이 열심히 살았음에도 불구하고 세상의 변화 속에서 자식들과 소통할 수 없는, 아버지도 자식의 문화를 이해할 수 없고 자식도 아버지를 이해할 수 없는, 참 마음 아픈 장면이지요.

우리 사회에서 성실하게 살아온 노인, 특히 가장인 남성 노인의 줄기찬 희생과 노력이 자식이나 손주 세대의 물적 토대를 만들어주기 위한 생애였음에도 불구하고, 후 세대와 소통하거나 이해받기 어렵다는 것을 보여주었다고 생각해요. 누구의 잘못도 아니지만, 세대 간의 간극은 아주 크지요. 소통하고 이해하려는 구체적이고 적극적인 노력이 없는 한 그 간극과 불통은 없어지지 않아요.

한국보건사회연구원이 발표한 '2017년 노인실태조사'에 따르면 급격히 줄어든 노인의 인적 관계망이 잘 드러나고 있어요. 2017년의 노인에게는 주변에 긴밀한 관계를 맺는 가족이 없다는 거지요. 노인 97.1% 이상에게 생존 자녀가 있고, 84.7% 이상에게 형제·자매가 있지만 가깝게 지내는 친인척이 있는 노인은 절반 이하인 46.2%에 불과해요. 이는 2011년 54.4%에 비해서도 8%포인트 이상 떨어진 수치예요.

동네 친구도 줄어들고 있어서 고민을 상담할 친한 친구나 이웃이 있는 노인은 2017년 57.1%예요. 2011년에는 전체 노인의 3분의 2 이상(75.2%)이 고민을 나눌 수 있는 친구나 이웃이 있다고 답했거든요. 그러다보니 전체 노인의 21.1%는 우울 증상을 갖고 있답니다.

대표적인 세대 갈등 소재로 다뤄지는 노인 지하철 무임승차의 경우 노인의 67.6%가 현행 유지에 긍정적이라고 답변했지만 부정적인 답변도 27.5%입니다. 지난 10년간 글을 모르는 무학 비중이 2008년 15.3%에서 2017년 6.7%로 급격히 감소했고, 중고등학교 졸업 학력자 비중도 34.2%에 달하며, 운전하는 노인도 2011년 12.2%에서 2017년 18.8%로 증가한 것은 현재의 노인이 과거보다 더욱 다양한 사회 참여와 경제 문화 활동을 추구할 수 있다는 지표인 거지요.

한국보건사회연구원은 '노인의 여가 활동을 지원하는 정책을 진단해본 결과 내재하고 있는 노인의 욕구가 충분히 구현되지 못하고 있는 상황'이라며, '현 세대 노인의 생애사적 경험 때문에 개인의 욕구 자체가 없거나 인식하지 못하는 경우도 많을 뿐 아니라 다양한 참여 기회가 마련되어 있지 않기 때문'이라고 분석했어요.

구술생애사를 통해 베이비붐 세대의 노년 준비를 연구한 고영직 문화평론가는 '일본에서는 '나이 듦을 향해 간다'라는 뜻의 '향로向老학회'가 활발히 활동하는 반면, 우리나라는 오히려 '나이 듦에 저항抗老'하는 분위기가 강하고 노인의 내면을 가꾸는 데 약해 세대 갈등으로 이어진다'라고 보았어요.

박경숙 서울대 사회학과 교수는 노인 빈곤과 불평등을 강화하는 요인으로 가족의 지원 감소, 비정규직 증가 등 노동시장의 세분화와 함께 1980년대 복지 정책이 보편적 복지가 아닌 장애인, 빈곤층, 노인 등에게 선별적, 수혜적으로 이뤄진 점을 꼽으면서, '1980년대 초반 만들어진 노인복지법은 노인의 사회 참여를 강조하기보다 노인을 쇠퇴한 인구로서 보호해야 하는 이미지를 조장했다. 당시 만들어졌던 각종 무료 티켓 등의 혜택에 대해 시민들의 반응도 이제 냉소적이다'라고 설명해요.

나아가 박 교수는 '이후로도 노년 문제를 보편적인 복지의 권리가 아닌 '효'의 측면에서만 이야기하는 흐름이 이어졌다'라며 '1990년대 후반 신자유주의 압력에서 노인 세대 안에서도 계층화가 심화되고 건강 중심의 노년 이미지가 강조되면서 정상적인 노화에 대한 인식마저 왜곡되는 결과를 낳았다'라고 지적하고 있어요.

가난한 노인과
부자 노인

현재 노인 문제 중 가장 큰 문제는 아무래도 빈곤 노인이지요. 빈곤과 노년이 중첩된 늪지대가 빠른 속도로 확대되면서 그 와중에 고독사는 이제 다반사가 되었어요. 물론 중장년과 청년층 고독사도 늘고 있어요. 노인 자살의 특징은 젊은이들에 비해 그 방법이 단호하고 강력하다는 점이에요. 회복 불가능한 방법을 선택하는 거지요.

자발적으로 감옥을 택하기 위해 범죄를 저지르는 빈곤한 노년들 이야기는 이제 일본만의 이야기가 아니에요. 소득 하위 20%인 1분위 가구주의 평균 연령이 1990년 38세에서 2018년 63세로 높아졌어요. 나아가 가구주의 나이가 70세를 넘긴 소득 하위 1분위 가구는 2015년 1분기 29.1%에서 2018년은 43.2%로 급증했어요.

2017년 8월 2일자 영국 〈가디언〉은 '한국의 불평등 모순: 장수, 좋은 건강 그리고 빈곤'이라는 제목의 기사에서 기대 수명도 세계 최고이면서 노인 빈곤율과 노인 자살률도 최고 수준인 '특이하고 명백한 모순'의 한국을 다루었어요. 복지 없는 장수는 이미 개인에게도 국가에게도 재앙이 되는 거지요.

2018년 8월 9일 발표한 '문재인 케어'의 건강보험 보장성 강화 대책이 빈곤 노인들의 생애 마지막 궁지를 얼마나 더 딜레마로 몰아넣을지 염려가 될 정도입니다. 국민기초수급 노인들은 병원비가 거의 안 들거든요. 제가 돌보던 독거노인 수급자는 세 종류의 암을 모두 무료로 수술하고, 네 번째 암을 수술한 직후 돌아가셨어요. 돌아가실 때 여든 여덟이었어요.

수급자인 노인 환자가 수술하겠다고 하는 한, 병원은 수입이 만들어지는 거예요. 수술하면 치료 가능성이 있다고 의사가 말하는 한, 수술비가 공짜이니 수술 받고 싶은 거죠. 병원이야 돈을 벌지 모르지만 노인에게는 딜레마지요. 원인에 대한 대책은 없이 일단 자살과 고독사는 무조건 막으라고 하는 독거노인 복지 현장의 최우선 업무 지시인 '안전 확인'은, 산 자들의 낯이나 세우자는 거라고 여겨져요.

물론 경제 상황에 따라 노인들의 삶도 양극화되어 있는 측면이 크지요. 한편 나이로 정확히 자를 수는 없지만, 돈 많은 노인들도 85세가 넘어가면 존엄한 삶과는 상당히 멀어져요. 돈이 많아 실버타운에 들어가 있는 노인들도, 그곳의 다양한 시설과 프로그램을 즐길 수 있는 것은 80세 근처까지예요.

80대 중반을 넘어가면서부터 비싼 시설과 고급 프로그램들이 하등 필요가 없어져요. 그러다가 걷는 것마저 불편해지면 일반 요양원과 실버타운이 일상생활에서는 별 차이가 없어요. 헬

스실이니, 음악 감상실이니, 카페니 하는 다양한 공간과 설비들을 이용하고 즐길 체력 자체가 없으니까요.

그러다 음식을 씹고 삼키는 것마저 어려워지면 200~300만 원이라는 월 납입금은 실버타운 자체를 위해 내는 돈, 혹은 직접 모시지 못하는 죗값이라는 생각이 들 정도입니다.

노인 혐오, 노인 대상 범죄, 노인 학대에 이어 노인의 성과 노인이 저지르는 범죄도 중요한 사회적 의제로 부각되고 있어요. 우선 노인 학대와 관련해 학대 행위자는 아들이 36%로 가장 많았고, 다음이 배우자 22.8%, 자기 학대 11.4%, 딸 7.3%, 손자녀 2.7%, 친척 1.8%, 기타 14.6% 순으로 나타났습니다.

영화 〈죽어도 좋아〉와 〈죽여주는 여자〉는 노인의 성을 다룬 영화예요. 성은 모든 사람에게 인간답게 살아가는 데 필요한 최소한의 부분이지요. 고령자의 성 문제에 대해 혐오적 시선을 갖거나 다른 세계의 문제로 밀어낼 것이 아니에요. 우리 자신과 주변 문제로 받아들이고 공식적 논의와 대책 마련이 이루어져야 합니다.

경찰청 발표에 의하면 최근 5년간(2012~2017년) 살인·강간 등 강력 범죄를 저지른 65세 이상 노인이 연평균 24%씩 증가해 같은 기간 노인 인구 증가율(연평균 4.5%)을 훨씬 앞지를 뿐 아니라, 전체 강력 범죄 피의자 증가율(연평균 4.2%)보다 여섯 배 높은 상승세를 보였다고 합니다.

노인 범죄라 하면 소액 절도와 같은 생계형 범죄가 주를 이뤘던 과거와 많이 달라진 거예요. 2017년 성범죄를 저지른 노인도 5년 전보다 91%나 증가했어요. 김항곤 경찰청 여성청소년과장은 '노인들이 과거보다 건강해지고 사회 활동 기간도 길어지면서 성범죄 등 강력 범죄가 늘어나는 추세'라고 설명했어요.

일각에서는 노인들이 불만과 소외감, 무시당하고 있다는 억울함 등의 감정들이 쌓여 극단적 범죄를 유발한다는 분석도 있어요. 요즘은 '앵그리 실버Angry Silver'라는 말도 있습니다. 말 그대로 '성난 노인'이지요. 부정적 의미로만 쓰이지는 않아요. 노인들이 그만큼 불만과 소외감, 억울함 등이 많다는 의미이고 그것이 기회를 따라 성난 모습으로 발현된다는 거지요.

박근혜 전 대통령이 감옥에 가고 재판이 진행되는 과정에서 본 일부 수구 노인들의 극단적인 모습일 수 있고, 여러 이유로 범죄를 저지르는 노인들에게도 적용될 수 있겠지요. 사실 태극기집회 막바지에 성난 노인들의 극단적인 모습은 수구 정치권과 수구 종교인들이 부추긴 측면이 많아요.

우려스러운 것은 '앵그리 실버'와 노인 혐오가 서로 맞물리며 상승하고 있다는 점이에요. '노인 혐오'는 신자유주의 사회에서 가장 쓸모없는 존재로 여겨지는 빈곤한 노인들에 대해 젊은이들이, 네티즌들이 보이는 반응을 극명하게 보여준다고 생각해요. 이 역시 신자유주의 사회를 살아가는 젊은이들의 자기 불안과 두려움의 반영인 측면이 크지요. 이처럼 생산력으로도 돈으로도 쓸모없는 노인들이 다수인 다른 한편에는, 재산 상속뿐 아니라 실버 산업이나 의료 산업에서 돈의 위력으로 쓸모를 인정받고 대우받는 부자 노인들이 있습니다.

부자 노인들의 경우 자식들에게 재산을 미리 물려줬더니 더 이상 부모를 챙기지 않는다며 '불효 소송'을 제기하는 경우도 있어요. 노인 십계명 중 첫 번째는 '절대로 살았을 때 자식한테 재산 물려주지 마라'예요. 문제는 부동산 자산이나 현금 자산으로 노인들이 돈을 묶어놓고 있어 한창 소비가 많은 4050세대에게 돈이 가지 않으면서 사회는 경제적으로 내수 절벽 현상이 벌어지고 있는 점이에요.

한편 노인 수명이 길어지는 장수 사회에서 중상층 노인들도 오랜 시간 의료 산업과 실버 산업에 돈을 쓰느라 자식에게 물려줄 것 없이 재산을 다 쓰고 돌아가시는 경우가 많아요. 5060에 해당하는 분들 중 살아계신 노부모가 상당히 재산이 있는 분들의 경우도, 결국은 물려받을 게 없다고 생각하시면 돼요. 다 쓰고 돌아가신다는 이야기지요. 물론 돈이 아주 많은 사람들 세상에서는 다르겠지만요.

연명의료거부에 관한 인식이 아직 없는 노인 세대의 경우, 목숨이 붙어 있기만 한 상태를 연장하며 의료 산업의 돈벌이 대상이 되는 측면이 크지요. 하지만 이들 초고령 노인들의 경우 목숨 연장을 돈으로 살 수 있을지는 모르지만 존엄한 삶을 사는 것은 거의 불가능해요. 조심스러운 이야기지만 일정한 시점 이후의 삶은 '존엄'과는 상당히 거리가 있다고 여겨집니다.

〈중앙일보〉 2018년 8월 23일자 신문에서 김동호 기자는 '꼰대의 반대말 '네오 사피엔스'…호기심 넘치는 지식정보형'이라는 기사에서 공공 도서관으로 모이는 노인들의 모습을 기사화했어요. 인간 수명이 100세에 가까워지면서 '퇴직 후 시간 보내기'가 노년의 중요한 문제가 되었지요. 부족한 노후 자금 충당을 위해 재취업이나 창업으로 일손을 놓지 못하는 게 현실이기는 해도 일흔을 넘어서면 일자리에서 대부분 떠나는 것 역시 현실이에요.

문제는 어디에서 무엇을 하며 20~30년의 세월을 보내야 할까, 이지요. 그중 하나로 그래도 배운 노년들에게 인기 있는 곳이 도서관이에요. 요즘 공공 도서관에 노인들, 특히 남성 노인들이 아주 많아요. 많은 노인들이 외국어로 된 서적을 읽는 모습도 흔하지요. 학생을 비롯한 청년 수험생들로 가득 찼던 도서관이 어느새 노년과 중장년들로 넘치고 있어요.

사회·경제·문화적 행태가 과거 세대와 다른 '네오 사피엔스(100세 시대의 신인류)[1]'가 등장하는 모습이지요. 특히 퇴직 후 이른바 '삼식이'로 전락하기 쉬운 나이든 남성들에게 도서관은 오아시스가 되고 있습니다. 남성들은 퇴직하는 순간 대인 관계 절벽에 서는 경우가 많아요. 현업에 있을 때는 일 때문에 많은 사람들과 만나고 전화도 걸려왔지만 퇴직 직후부터 전화 한 통화 오지 않는 순간에 직면하는 거지요.

이런 이유에서 서울에선 고속버스터미널 앞 국립중앙도서관, 서울 한복판에 있는 남산도서관, 경복궁에서 가까운 정독도서관이 갈수록 고령자들로 북적대고 있어요. 대형 도서관뿐만 아니라 동네 구립도서관을 가도 남성 노인들이 상당히 많아요. 인구 고령화에 따른 자연스러운 현상인 거지요. 여름에 시원하고 겨울에 따뜻하고, 점심도 싸고 맛있고 하거든요.

---

1) '네오 사피엔스'란 신인류라는 말로, 인공지능이 발달되어 인간의 삶이 바뀌어져 가고, 새로운 문물이 쏟아져 나오며 고령화된 사회 시대의 사람들을 지칭하는 말. 'neo: 신, 현대'

여성 노인과
남성 노인

　　　　　　노년 세대에서의 성별 차이는 젊은 세대의 성별 차이보다 훨씬 더 커요. 가족과 마을에서 여성 노인과 남성 노인들이 어떻게 다르게 살아가고 다른 공간에 모이며, 모여서 하는 일이 어떻게 다른가를 살펴보는 것은 아주 흥미로운 사회학적 관찰이에요. 이는 경로당과 노인복지관을 이용하는 노인의 성별 차이, 성별과 나이와 경제 문화적 층위에 따른 노인들이 원하는 노인 복지 프로그램의 차이로 이어지지요.

　경제 문화적 중하위 여성 노인들은 주로 동네 경로당에 모여 노시니까 그런 분들이 좋아하시는 프로그램들, 노래와 스트레칭과 건강 관련 프로그램들을 만들어서 경로당으로 들어가요. 식사 대접이 중요한 일이고요. 서울의 웬만한 동네 경로당에 가면 문맹이신 할머니들이 많으세요. 남성 노인들은 상대적으로 많이 배우고 돈도 많기 때문에 그에 맞는 소위 고급 프로그램들이 필요해요.

　남성 노인들은 주로 자신이 사는 동네 경로당이 아닌 집에서 좀 떨어진 노인복지관에 가신답니다. 서울시가 파고다공원이나 종묘공원에 모이는 남성 노인들을 유인하려고 인사동에 노인종합복지관을 세웠는데 그 노인들을 유인하는 데 실패했어요.

경제 문화적으로 다른 계층의 남성 노인들인 거죠. 노인종합복지관의 프로그램을 보면 주식 투자나 재산 상속을 위한 법률 상담 등 있는 계층을 위한 프로그램들이 많아요. 탁구, 당구, 게이트볼 등 스포츠뿐 아니라 인문학 강좌 프로그램도 많고, 파트너와 함께하는 댄스 프로그램도 인기예요.

물론 남성들이 더 많기 때문에 여성 노인들의 인기가 많지요. 그곳에 오는 여성 노인들 역시 동네 경로당으로는 만족하지 못하는, 경제 문화적 상층의 여성 노인들이 많아요. 위에서 말씀드린 공공 도서관에도 여성 노인은 별로 많지 않아요. 그 세대 교육 문화의 혜택이 지나치게 여성을 차별했다는 이야기이기도 하고, 여성 노인들이 원하는 노년 생활의 방식이 남성 노인과는 많이 다르다는 이야기이기도 하지요.

독거에 대한 노인들의 성별 인식 차이는 그들의 생애 내력을 드러내고 있기도 합니다. 거동이 가능한 거의 대부분의 여성 독거노인들은 '독거'인 지금을 본인 인생의 가장 자유롭고도 편한 시기라고 이야기하세요. 여전히 가난하고 혼자 밥 챙겨 먹는 게 남들 보기에 안 돼 보여도, 할머니들은 '지금이 내 인생에서 가장 좋은 때다'라고들 이야기하시죠.

그런데 대부분의 남성 노인들은 여성 노인들의 이런 반응을 이해할 수 없다고 해요. 여성의 경우 평생을 가족 돌봄 노동과 감정 노동 스트레스 속에 시달려야 했으니 몸은 늙고 가진 것 없어도 어떤 돌봄도 하지 않아도 되는 독거가 가장 편하고 자유롭다고 느끼시는 거지요.

남성은 전혀 달라요. 남성은 대체로 자식이나 아내와 많은 시간을 나누지 못한 채 사회의 경쟁에 매진하다가 은퇴 등을 통해서야 가족 안으로 들어옵니다. 하지만 자식들과는 이미 많이 벌어져 있고 오로지 아내를 통해 자식과 친척과 지역 관계를 만드는 경우가 많아요. 요리, 청소, 빨래 등 일상적인 돌봄 노동은 아내가 맡지요. 그러다가 아내가 먼저 가거나 이혼이라도 해서 독거노인이 된다는 것이 남성들에겐 수긍하기 어렵고 깊은 자괴감이 드는 상황인 거지요.

밥하고 빨래하고 청소하는 일 자체를 수긍하지 못하는 분들도 많아요. 독거노인 현장에서 가장 위험한 분들이 누구냐면, 그래도 어느 정도 재산이 있는 남성 독거노인이에요. 재산이 없는 분이라면 어쨌든 복지 제도에 끼어들게 돼요. 국민기초수급 복지에 끼든, 노인복지관에서 주는 후원 물품을 받든, 가난한 노인들은 생활에 도움이 되기 위해서라도 복지 제도에 들어오시고, 그러다보면 사회복지사나 요양보호사들을 통해 노인의 생계와 건강과 안전이 챙겨지는 겁니다.

그런데 경제적으로 살 만한 위치에 있으면서 직장을 그만두고 거기에 독거까지 된 남성 노인들 중에는 복지 제도가 접근하는 것 자체를 자존심 상해하는 분들이 많아요. 사실 복지가 상당히 시혜적으로 다가가는 측면이 많기는 하죠. 어떤 노인들은 아직도 '복지'하면 '거지'를 떠올리면서 심지어 화를 내며 거절하는 분들도 있어요. 이런 분들은 대체로 직장 이외의 곳에서는 사회성까지 떨어져요. 직장 말고는 다른 사회 관계를 못 해보신 거지요. 그러니 최소한의 외출, 밥과 반찬과 물을 사러 나오는 거 말고는 칩거하시는 분들이 많고, 그러니 우울증이 이어지다가 소위 고독사나 자살의 고위험군이 되는 거죠.

안전 확인 전화를 하면 아주 귀찮다는 듯이 짜증을 내시면서 '안 죽었어요!' 하며 전화를 끊는 분들도 있어요. 노인 복지 현장의 감정 노동자로서 참 힘든 대상인데, 이런 분일수록 고위험군이니 티가 안 나게 더 안부를 확인해야 합니다.

여성 독거노인들은 상당히 달라요. 일단 독거가 되는 순간부터 더 자유로워져요. 친구들 만나고, 놀러가고, 모이는 일들이 늘어나지요. 독거노인복지센터에서 진행하는 여러 프로그램이나 행사에도 적극적으로 참여하세요. 경제적으로 돈 있는 할머니들도 복지 관련 제도나 사람들에게 거부적이지 않고, 편하게 곁을 내어주는 경우가 많아요. 있는 노인들에겐 후원 물품이 거의 없거든요. 그저 안전 확인 전화와 방문을 하는 정도인데 대체로 반가워하십니다.

일주일에 한번 이상 방문하는 것이 독거노인 복지 현장의 규정인데, 워낙에 외부로 다니느라 바빠서 집에 계신 시간을 맞추기가 힘들 정도예요. 여성은 평생을 주로 사람을 돌보고 관계를 만들고 새로운 관계에 적응하는 것이 삶의 맥락이었지요. 반면 남성은 경쟁에서 이겨 살아남으며 돈을 벌고 승진하는 것이 소위 '남성다움'으로 평가돼 왔어요. 그러니 일을 그만 둔다는 것, 혼자가 된다는 것, 내 손으로 집안일을 한다는 것을 수긍하기 어려워하는 거지요.

농촌 노인과 도시 노인

농촌 노인과 도시 노인 역시 다양한 차이를 보여요. 독거노인의 비율은 도시보다 농촌이 훨씬 높아요. 특히 전라남도의 경우 전체 인구 중 독거노인의 비율이 2018년 현재 30.9%이고, 그 중 강진은 36.9%로 가장 심각하며, 여성 독거노인이 남성 독거노인의 2.2배나 돼요.

농촌 고령화로 인해 '인구 절벽'에 이어 '지방 소멸'까지 빠르게 진행되고 있어요. '인구 절벽'에 대해서는 전 단원에서 설명을 드려서 생략할게요. '지방 소멸'이란 인구수가 모자라고, 지방세를 낼 인구는 더더군다나 없어지는 판이니 지방자치기구를 해체해서 통폐합해야 하는 상황을 일컫는 말이에요.

소외감 측면을 살펴볼게요. 도시를 중심으로 급속도로 진행되는 현대 문명과 얼마나 거리를 둘 수 있느냐가 현대 사회에서 노인이 느끼는 소외감 중 주요 원인이라고 생각합니다. 사실 대부분의 도시 노인들은 젊은 시절 '잘 살아보자'는 개인적 다짐과 사회적 대세 속에 농촌을 떠나 도시로 온 사람들이지요.

하지만 소위 성공한 일부 노인들을 제외한 대부분의 노인들에게 현대 문명은 정을 붙일 구석도 없고 적응도 어려운, 소외감만 늘게 하는 요소들이지요. 농촌 노인들에게 현대 문명은 대체로 텔레비전 속의 '다른 세상'이거나 기껏해야 '자식들의 세상'이라는 면에서 덜 소외감을 느끼지요.

도시 노인들은 어쨌든 차를 타고 조금만 나가면 이 낯설고 무지막지한 현대 문명 속 어지럼증을 피할 방법이 없거든요. 게다가 시골 노인들은 땅이 남아 있어요. 자식으로 인한 소외감은 마찬가지지만 도시에서는 부모 자식 간에 단절된 빈곤 노인이 많은 반면, 시골 노인들에게는 어떤 식으로든 땅이 남아 있어서 그걸 통해 자식들과 연결되는 측면이 많아요.

남은 논밭이나 집터 때문에라도 부모와 자식이 단절되지는 않는 거지죠. 자신이 죽고 나면 그 땅이 달랑 몇 푼으로 환산되어 자식에게 넘어갈 것을 뻔히 알지만, 그래도 평생 노동의 현장이자 자신과 자식들의 삶을 일군 땅에서 시골 할머니들 말씀대로 '눈에 흙이 들어갈 때까지' 일굴 땅이 있는 거예요.

그 노동에 대해 자식들이 아무리 말리고 병원비도 안 나온다고 뭐라 해도, 본인에게는 자부심이자 긍지이고, 노년의 일상이지요. 그러다가 요양원이라도 들어가시게 되면 자식들이 금방 포클레인을 끌고 와서 집 허물고 땅 다져서 돈으로 바꿔버리는 경우가 많아요. 그걸 본 동네 노인들 모두 가슴이 시리지요. 당신들의 장차 모습이니까요.

저랑 인터뷰한 우록리 산골 할머니들 모두가 하나같이 그 포클레인 이야기를 하시더라고요. 경상도 산골 사투리로 '포콜 머이가 와가 싹 다 뿌쇠뿌렀다 카이….' 그러시더라고요.

도시고 농촌이고 고령 노인들이 동네에서 사라지는 과정은 참 슬퍼요. 서로 들락거리고 함께 놀며, 미워도 하고 예뻐도 하고 한 친구들이잖아요. 시골은 물론이고 도시 골목에서도 할머니들은 친구가 아프면 부침개라도 부치고 죽이라도 끓여서 당신도 찔뚝찔뚝하는 다리를 끌고 찾아가시거든요. 가난한 동네일수록 그런 정이 살아 있어요.

그런데 어느 날 자식이 방문해서 노인 몸이 상당히 안 좋은 걸 확인하면 일단 병원에 모시고 가요. 자식으로서 당연하지요. 사실 그 과정에서 동네 노인들에게 뭐 일일이 보고를 하겠어요, 어쩌겠어요. 자식이 와서 데려갔다는 것만이라도 동네 노인들이 알게 돼도 다행이에요. 대체로 동네 노인들 입장에서는 어느 날부터 그 할머니가 안 보이는 거예요. 없어진 거예요. 물어볼 데도 없고.

친구 자식의 휴대폰 번호까지 챙기는 할머니들은 거의 없거든요. 병원에 실려 간 노인은 아파서 전화도 못 받고. 그러다가 퇴원하시면 도시든 시골이든 아픈 노인을 혼자 있게 할 수 없으니, 며칠 자식 집에서 모셔보다가 대체로 요양병원을 거쳐서 요양원으로 가시게 돼요. 동네 노인들은 '자식들이 요양원에 갖다 넣었다더라', '죽었다더라', 그 소식만 들으시는 거지요.

그 소식도 대체로 노인을 방문하던 노인 복지 노동자를 통해 아시게 되는 겁니다. 복지 현장에서는 '비상연락처'라고 해서 자식들의 연락처도 확보하고 있거든요. 장례식도 자식들 편한 곳에서 치르게 되니 친구 노인들의 참여도 거의 불가능하지요. 시골의 경우 동네 이장이라도 참여하면 다행이고요. 뭐, 자식을 원망할 일도 아니기는 해요. 악의가 있어서 그런 것도 아니고 의례들 그러는 거니까요. 하지만 노인을 동네에서 빼 갈 때는 어르신을 모시고 골목 경로당에라도 한번 들렀으면 좋겠어요.
긴 이별이든 짧은 이별이든, 함께 슬퍼하고 걱정을 나눌 자리는
만들어드려야지요.

이렇게 신자유주의가 판을 치는 세상에서는 노인이 가족과
함께 살다 돌아가시거나 골목 안에서 이웃들과 함께 살다 돌아
가시는 것이 갈수록 요원한 일이지요. 다시 말씀드리지만, 자식
들이 나빠서가 아니에요. 오히려 어떤 면에서는 노인을 집에 모
시고 산다면서 더 방치하는 경우들도 있어요. 이런 사회에서 노
인과 함께 산다는 것에 대해 많은 생각을 하게 돼요.

제가 노인 복지 공부를 하면서 유럽 쪽 사례 하나를 알게 되
었어요. 주로 인지장해 노인들이 사는 마을이었어요. 저는 '치
매癡呆'라는 단어 대신에 '인지장해'라는 단어를 사용하자는 주
장을 기회가 있을 때마다 해요. 한자로 치매는 미치광이와 어리
석음의 뜻이 있어요. 무지막지한 낙인이지요.

하여튼 유럽 어디에 있는 그 마을은 전체가 인지장해인 노인
들을 위한 시스템으로 이뤄져 있어요. 크게 보면 시설이라고 할
수 있지만 워낙에 터가 넓기도 하고 다양한 것들을 갖추고 있
어서 노인들 입장에서 시설이라는 느낌이 전혀 없이 자유로운
마을이에요. 마을 미용실의 미용사도 노인 복지 직원이고, 가게

주인도 직원이에요.

우리는 인지장해가 굉장히 문제고 장애고 병이라고 생각하는데, 그곳에서는 인지장해로 인한 증상이 노인들 각자의 특성으로 여겨지는 시스템으로 마을이 돌아가는 거예요. 머리 파마하고 100원만 내고 나가도, '감사합니다. 또 오세요' 하며 친절하게 마중하는 거고, 한 노인이 같은 가게에 하루 스무 번을 가서 같은 음료수를 스무 번을 사도, 매번 똑같이 '어서 오세요, 감사합니다, 또 오세요'를 외치며 친절하게 대하는 거예요.

물론 내부 직원들끼리는 각각의 노인이 무엇을 어떻게 했는지를 공유하면서 노인이 몸에 안 좋은 음료수를 많이 마시지 않도록 관리를 해드리는 거지요. 그렇게 같은 물건을 여러 번 사는 노인들은 샀다는 걸 까먹는 노인이거든요. 기회를 봐서 살짝 감춰도 모르시고 하루에 하나만 산다고 생각하시면서 또 가게 가서 같은 걸 사시는 거예요. 자신이 인지장해라는 걸 알든 모르든 그 동네에서는 자타에게 전혀 문제가 안 되는 거지요. 그 사례를 보면서 '아, 그런 식으로 하는 게 가능할 수도 있겠구나'라는 생각을 했어요.

인지장해에 대해 다른 측면의 이야기를 하나 하고 싶어요. 모든 질병은 사회구조적 지점을 가지고 있지요. 그중 특히 경제 상황이 가장 큰 영향을 미칩니다. 경제적 불평등은 문화와 심리 등 여러 측면의 불평등과 이어지기도 하고요. 인지장해 역시 마찬가지예요.

영국 유니버시티 칼리지 런던 연구팀은 영국에 사는 65세 이상의 노인 6,200여 명을 대상으로 2002~2015년까지 추적 조사를 실시했어요. 연구 결과에 따르면 대상자 가운데 가장 가난한 그룹은 가장 부유한 그룹에 비해 치매 발병 위험이 약 50% 높은 것으로 나타났다는 겁니다.

연구팀의 도리나 카다르 박사는 '생활 방식이나 전반적인 건강에서의 차이 등 여러 가지 원인이 있겠지만 부유한 사람들은 노년기에도 사회, 문화적 기회를 더 많이 누리기 때문에 외부와 단절되지 않고 활발하게 교류를 하는 게 치매 위험을 낮추는 것으로 추정된다'고 분석했어요. 빈곤과 질병의 상관관계는 노인들의 인지장해에서도 또렷하게 드러나고 있는 거지요.

또 하나, 여기에는 본인이 노인이거나 노인과 관계를 맺고 계신 분들이 많은데, 제 부모도 그렇고, 인지장해 노인이나 상당히 노쇠한 노인과 대화든 운동이든 하면서 제가 끊임없이 염두에 두는 것은 '이 노인이 무엇을 못 하느냐가 아니라 이 노인과 무엇을 같이 할 수 있느냐'에 마음을 두는 거예요.

노인은 시간이 지날수록 계속 점점 못하는 항목들이 늘어나요. 어떤 경우는 하루하루가 달라요. 그러니 오늘 이 노인이 할 수 있는 것을 눈치껏 얼른 파악해서 거기서부터 같이 하는 거지요. 그러면서 남은 기능, 더 할 수 있는 기능이 무엇인지를 파악하며 같이 할 수 있는 것으로 함께 즐기는 거예요. 이것은 늙어가는 자기 자신에 대한 태도에서도 마찬가지예요.

나이가 들면서 차차 느려지고 기억력도 떨어지고, 근육도 순발력이 떨어져서 여차하면 넘어지기 십상이거든요. 그러니 욕망과 실천의 종류를 줄이는 거예요. 반드시 필요한 것을 우선적으로 하고 나머지는 미루거나 안 하는 거지요. 근육의 순발력이 떨어지니 지하철 계단을 내려갈 때는 가능하면 봉을 잡고 천천히 또박또박 내려가는 겁니다. 속도가 느리다는 건, 많이 보고 많이 생각하는 것이고, 혹은 더 집중하는 것이더라고요. 기억력이 떨어지니 가능하면 그때그때 세세하게 기록하고 재확인도 하지요. 이러면 젊은 놈들보다 훨씬 정확해져요. (하하)

03

살기 좋은 노년을 위한
'나이 듦'을 마중하는 시선

　　오만가지 어두운 현황과 통계 수치 및 전망들을 설명하다말고 갑자기 '살기 좋은 노년…' 어쩌고에 대해 이야기를 이으려니 참 제 머릿속 전환도 어렵네요. (하하) 자, 그럼에도 불구하고 아니 그러니까 더더욱 정신을 똑바로 차리고, 신자유주의 세상의 이 어두운 현재와 미래 속에서 각자의 삶과 우리가 지향해야 할 사회를 이야기해 보자고요. 나이 듦과 죽음을 축으로 해서요.

사실 어떤 면에서 저는, 제가 이미 62세나 먹은 게 다행스럽기도 해요. 경제적으로나 생태적으로 점점 엉망이 되어가는 세상에서 살아갈 날이 평균적으로 적게 남았다는 것이 저 개인만 생각하자면 참 다행이라고 여겨져요. 제가 아마 한 칠십 중반이면 죽지 않을까 싶은데 그러면 뭐 앞으로 십여 년, 까짓 거 뭐 살아주마, 싶어요. 어떤 분이 제 손금을 보고 96세까지 산다고 하시던데, 아이구야, 남은 햇수만 생각해도 미리 지루해져요. (하하)

자, 사적 관계만 넘어서면 늙어 죽는 것은 감사하고 필수적인 일이라고 생각해요. 생명이 죽지 않으면 다음 생명이 태어나는 것은 불가능하고, 순환이 아닌 정지가 되는 거지요. 우리가 늙어 죽지 않는다면 생태가 유지될 수 없다는 면에서, 크게 보면서 나의 늙음과 죽음에 대해 거리두기를 할 필요가 있다고 생각해요.

삶과 죽음은 순환이자 상호 연결이며 이면이지요. 생애와 죽음 근처의 갖은 불평등에도 불구하고, 모두 죽어 빈손으로 떠난다는 면에서 공평하기까지 해요. 4~50대 후배들이 제게 늙는 게 무섭지 않느냐고 자주 물어요. '늙는 걸 왜 무서워 해? 그냥 오는 걸 왜 무서워 해? 어떤 상황으로 올지 모르지만 나는 어떤 상황이든 살아낼 생각이야. 좋은 게 오든 나쁜 게 오든, 그걸 살아내는 나 자신을 존중할 거야'라는 말을 해 왔어요.

저는 모든 불안과 두려움을 뒤집으면 배타와 혐오라고 생각해요. 빈곤이나 늙음, 죽음에 대해서든 어떤 부류의 사람들, 예를 들면 노인이나 동성애자 장애인에 대한 배타와 혐오 역시 마찬가지라는 생각이에요. 길에서 폐휴지를 줍는 노인을 보면서 각자 자기 속에 어떤 감정이 생기는지를 잘 살펴보았으면 해요.

저는 그냥 '한 노인이 자기 삶을 위해서 자기 일을 하고 있구나'까지만 정리해요. 그걸 넘어 노인이 불쌍하다고 생각하지 않아요. 그런 종류의 손쉬운 동정의 마음을 스스로 의심해요. 노인 복지 현장에서 일하다보면 그런 노인들과 많은 이야기를 하게 돼요. 그 한 분 한 분들이 가지고 있는 생애의 맥락과 사연들, 그분이 폐휴지를 모아서 팔아 적은 돈을 모으고 모아, 쓰고 싶은 용처에 대해서도 많이 들어요.

그 돈을 모아 손주 용돈도 줄 거고, 사고 난 아들 병원비나 담배 값도 보탤 거라고 해요. 왜 그런 욕망과 실천은 불쌍한 거고, 하루에 100만 원 벌어서 1,000만 원짜리 선물을 하는 부자 노인들의 욕망과 소비는 멋있는 거지요? 그런 물량주의적인 평가 때문에 가난한 노인에 대해서 기껏 해봐야 동정과 시혜까지만 하는 거지요. 동정과 시혜에만 그친다면 차라리 그것조차 안 하는 게 낫다고 생각해요.

동정과 시혜의 뒷면은 자기 불안과 두려움이고 배타와 혐오라고 생각해요. 물론 빈부격차나 빈곤한 삶의 개인적 구조적 문제는 끊임없이 참여하면서 고쳐나가야 하는 문제이지요. 하지만 우리는 그 가난과 고난을 살아내면서 그들 안에 만들어져 있는 힘을 놓치곤 하지요. 볼 생각도 안 하는 거예요. 그들을 살게하는 힘도, 혹은 사회를 바꿀 근본적인 힘도, 가난과 고난을 통해 그들이 만들고 품은 그 힘이지요.

그 힘을 이웃도 사회도 보지 않고 동정과 시혜만으로 대하니 그들도 자신 안에 힘을 볼 기회가 없이 자괴와 자기 비하에 머무는 겁니다. 누가 무엇을 보아주느냐에 따라 우리 모두 자신의 삶이 달라진 경험이 있잖아요. "내가 여태껏 오만가지 고생을 다 하고 살았거든. 그러니 이제 내 꺼 없으면 남의 꺼로 먹고 살면 돼"라고 말씀하신 한글도 모르는 빈곤 독거 할머니의 일갈은 가난과 고난을 통해 얻은 힘이자 사회적 통찰이지요.

"이병철도 죽었고 이건희도 죽었다나 머라나 하는데, 나 죽는 게 머가 억울해?"라고 한 빈곤독거노인의 말씀은 죽음에 대한 해학이자 수긍이지요. 죽음에 바짝 다가간 노인들은 말이 없

동정과 시혜의 뒷면은 자기 불안과 두려움이고

배타와 혐오라고 생각해요.

물론 빈부격차나 빈곤한 삶의 개인적 구조적 문제는

끊임없이 참여하면서 고쳐나가야 하는 문제이지요.

하지만 우리는 그 가난과 고난을 살아내면서

그들 안에 만들어져 있는 힘을 놓치곤 하지요.

볼 생각도 안 하는 거예요.

그들을 살게 하는 힘도,

혹은 사회를 바꿀 근본적인 힘도,

가난과 고난을 통해 그들이 만들고

품은 그 힘이지요.

어요. 그러니 산 자들만 쑥덕대는 죽음에 관한 소문은 죽음이 아닌 삶에 입장을 둔 사람들의 소문이라는 면에서 믿을 게 못 됩니다. 무섭다느니, 외롭다느니, 슬프다느니 하는 건 모두 산 자들의 느낌이에요.

늙어 죽음은 수없이 거듭되는 하강, 부분들의 소멸과 해체, 노쇠와 병증과 통증과 느려짐과 불가능해짐에 이어, 마침내 오는 몸과 정신의 멸이어서 마침내 죽음에 닿은 그 수고를 저는 마음 깊이 치하하게 되더라고요. 며칠 전 있었던 제 어머니 죽음을 지켜보면서 아버지 역시 "더 애쓰지 말고 어서 가소"라고 하셨고, 제 남매들과 배우자들 모두 어머니의 죽음 순간에 마침내 죽음에 닿음을 치하하는 마음이었어요.

물론 엄마와 더 함께하지 못하는 산 자들이자 자식들의 슬픔이 있지만 엄마의 해체 과정에서 죽음을 차차 수긍할 수 있었고 나아가 자신들의 죽음을 내다보면서 삶을 다짐할 수 있었어요. 하물며 심히 고통스러운 생애였다면 더더욱, 죽음은 보는 이에게도 위안이자 희망이지요. 제 삶은 평균적으로 중층에서 약간 위 정도의 삶이었음에도 죽음이 있다는 것, 끝이 있다는 것은 제게 위안이자 큰 다행이에요.

제 죽음을 떠올리면서 삶을 더 충실하게 살 다짐을 해요. 예순을 넘으면서, 특히 젊은 사람들의 갑작스러운 죽음 소식까지 여럿 듣는 요즈음, 잠자리에 눕고 일어서며 '안 깨어날 수 있다'와 '깨어났구나'를 자주 떠올려요. 머지않은 장차에 죽음을 떠올려놓고 사느라 욕망과 일상은 점점 단출해지고 있어요.

늙음과 죽음에 대한 두려움은 제가 생각하기에는 소문이에요, 헛소문. 신자유주의가 만들어낸, 절대로 믿을 게 못 되는 소문이지요. 신자유주의까지 들먹이지 않더라도 사람이라면 모두 죽음은 당연하며 공정하다는 걸 알고 있잖아요. 당연하고 공정한 것에 대해 두려워하는 것은 소문에 속는 거지요.

시간이 가면서 차츰차츰 늙어가요. 살다가 어느 날 무릎이 안좋고, 또 어느 날 허리가 안 좋고, 하나하나가 낡고 병들고 그런 것들이 모여 뭉텅뭉텅 무너지다가 그 다음에는 누워 있을 수밖에 없는 몸이 되지요. 불가능해져버린 것들에 마음을 두지 말고 지금 가능한 것들에 마음을 두면서 자신의 삶을 살아가면 되는 겁니다.

저는 모든 나이는 살아볼 만하다고 생각해요. 그 나이를 어떻게 대하느냐가 문제이지요. 나아가 모든 존재도 살아볼 만한 거라고 생각해요. 남과 다른 것이지 누가 더 좋은 것은 아니니까요. 각자의 존재와 여건에서 자기 삶의 이유와 가치를 추구하고 찾아가느냐의 문제인 거죠.

그런데 그놈의 정상 이데올로기 때문에 남들과 비교하면서 자꾸 어떤 규정들을 하는 거예요. 남들 시선이나 사회의 규정, 이런 소문들 말고 나의 시선과 판단으로 내 존대와 생애의 각 단계를 수긍하며 스스로 살아가는 힘을 기르는 것이 중요해요. "너도 나이 들면 다 똑같아져"라는 소리를 많이 들었는데 나이가 들어보니 아니더라고요. 나는 나더라고요. 나이기를 고수하면 돼요.

'나는 여기서, 혹은 어디서도, 내 것을 찾겠다'라고 고수하면서 눈과 마음을 열어놓으면 절대로 쓰잘 데 없는 소문에 안 속더라고요. 소문에 속아 두려움에 휘말려버리면 오지도 않는 귀신한테 뒷덜미를 잡혀 허겁지겁 하다 우물에 빠져 죽는 꼴이 되는 거지요.

저는 사람들이 부정적으로 여기는 고통이든 통증이든 가난이든에 대해서 구경하는 마음, 관찰하는 마음이 있어요. 그것이 제 자신의 것이어도 마찬가지예요. 허리 통증 때문에 굉장히 아파서 글을 쓸 수도 없고, 외출이든 무엇이든 할 수 없어서 누워 있는 게 가장 고통이 적을 때 저는 휴대폰 녹음기를 눌러놓고 내 허리 통증에 대해서 구술을 해요. (하하) 신음 소리도 내면서.

고통에 빠져봤자 계속 아프기만 하니까 가능하면 조금 저 쪽

에다가 밀어 놓는 거예요. 거리를 두는 거지요. 물론 아주 심할 땐 통증에 말려들기도 합니다. 가능하면 말려드는 순간 직후에 녹음을 해요. 나중에 녹음을 풀어 글로 쓰지요. 고통의 괴성은 사실 훈민정음으로는 제대로 된 기록이 거의 불가능해요. 그럼에도 괴성이든 느낌이든 생각이든을 기록해요.

내가 기록하고 있다는, 녹음하고 있다는 생각을 하면 '그래, 고통, 니가 이런 놈이구나. 온 김에 너대로 놀다 가라. 나도 너한테 밀리지 않고 기록으로 복수하겠다.' 뭐 이런 마음이 들면서 통증에 대한 태도가 달라져요.

통증이란 놈은 가난이니 늙음이니 죽음이니 하는 것들은 당연히 있는 것이고 오는 것이어서 내가 어쩔 수 없지만 그걸 겪는 태도는 내가 달리할 수 있는 거지요. 그런 태도가 중요하다고 생각해요. 고통을 이기는 방법은, 고통에 지지 않는 방법은 고통에 대해 거리두기를 하고 관찰하는 거라고 생각해요. 가능하면 기록도 하면서.

나이 듦, 늙음, 죽음에 대해 불안과 두려움이 있다면 그 불안과 두려움의 실체가 무엇인지, 왜 막연하게 그런 느낌이 드는지를 들여다보고, 할 수 있다면 사회적 분석을 할 필요가 있다고 생각합니다. 모든 생명은 늙음과 죽음에 대한, 멸에 대한 근본적 거부가 있겠지요. 하지만 무엇에 의해, 누군가에 의해, 조장되는 측면도 많다고 생각해요.

저는 늙음과 죽음에 대한 불안이나 혐오의 상당 부분은 그 불안과 두려움을 통해 이익을 누리는 진영들이 만들어낸 이데올로기라는 생각을 해요. 그것은 종교나 과학이나 기업일 수 있지요. 젊음이 늙음에 비해, 생명이 죽음에 비해, 강함이 약함에 비해, 비장애가 장애에 비해, 더 좋은 거라고 떠들어대는 상품 광고들을 보세요.

이른바 '정상 이데올로기'가 다양한 차이이자 과정을 정상과 비정상으로 규정하면서 차별과 억압과 혐오와 자괴를 만들어내고 있어요. 혹, 죽음에 대한 불안과 두려움이 있다면 최대한 직시하는 기회를 만들어보라고 권하고 싶어요. 어떤 죽음 과정에 바짝 다가가서, 그 과정을 세세하게 들여다보면서, 감정적 거리두기와 함께 내 속에서 떠올라오는 불안과 두려움의 실체를, 심지어 슬픔의 실체까지도 의심해보라는 거지요. 답은 찾지 못하더라도, 적어도 소문에는 속을 일이 아니라는 깨달음은 얻게 되리라 생각해요.

이것은 노년의 삶에 대한 다양한 소문들도 마찬가지예요. 독거노인이나 고독사라는 단어의 낙인도 의심할 필요가 있지요. 독거의 이면은 자유이고 자립입니다. 고독사에 대해서는 온갖 험한 모습들을 떠올려서 그렇지, 사실은 모든 죽음은 고독사의 측면이 있어요. 임종 자리에 많은 자식들이 모이더라도 죽음은 홀로 가는 것입니다. 글쎄요. 정확하게는 모르지만 죽음 과정의 어느 단계 후에는 옆에 누가 있는지도 모르는 것 같더라고요. 죽어가는 사람의 임종을 지킨다는 건, 어떤 면에서 산 자들의 마음이자 산 자들을 위한 예의라는 생각이에요.

노동력과 수입이 줄어드는 늙음 이후의 삶을 대비해 어느 정도의 경제적 대비야 당연히 필요하지요. 하지만 넉넉한 노후를 위해 몇 억, 몇 십억이 있어야 한다는 말들은 결국 돈이 최우선이라는 생각을 확장시키는 말들이에요. 젊어 사는 동안 돈이 최우선이었나요? 행복의 우선적 조건이 돈이었나요?

제 삶을 보아도 다른 사람들의 삶을 보아도, 돈이 최우선은 아니라는 확신을 해요. 노후 자금에 대한 염려 때문에 삶을 경쟁과 축적에 낭비하지 않으시기를 권해요. 저 자신에 대해서 말씀드리자면 소신과 욕망에 충실하면서 제가 하고 싶은 일을 하고 사는 것, 그 일을 통해 자아의 실현과 공공선에 기여하는 삶을 사는 것이 제게는 행복이에요.

물론 자본주의 사회에 살면서 자존감을 훼손하지 않을 정도의 물질은 필요하지요. 돈은 독립과 자립의 중요한 요소입니다. 신자유주의가 떠들어대는 소문들, 타인의 시선들, 온갖 정상 이데올로기의 규정들에서 벗어날 수 있다면 단출한 삶이 자유와 평안을 준다고 저는 생각해요. 죽음을 수긍하고서 오는 자유와 여유는 남은 삶에서 무엇을 선택하고 무엇에 집중할지를 판단하는 시선과 힘이 되지요.

늙어 죽어가는 과정에서 무책임하게 발달한 의료 과학에 나를 어디까지 맡길 것인가에 대해서는 결단이 필요하다고 생각해요. 저는 예순을 넘으면서는 종합 건강 검진을 받지 않고 있어요. 이제부터 오는 질병과 그 연장 속의 죽음에 대해서는 적극적으로 거부하지 않겠다는 겁니다.

건강한 일상생활을 위해 필요한 경우 약을 먹거나 병원에 가지만 질병의 징후를 미리 발견해서 적극적으로 대비하거나, 오는 질병을 막아서고 잘라내는 일은 하지 않겠다는 거예요. 제 어머니의 죽음 과정에서 제 남매와 배우자들 모두, 그리고 아버지까지 연명의료 거부를 명확히 했어요. 아흔인 아버지가 '연명의료 거부'에 대해 얼마나 명확하게 알고 계신지를 확인하지는 않았지만 단계마다에서 아버지는 '병원은 더 가지 말자', '수액 처방을 그만했으면 좋겠다', '인공호흡기는 더 하지 말자'라는 말씀들을 통해 자식의 의견보다 앞장 서 아내의 편안한 죽음을 이끄셨어요.

평소 엄마의 말씀도 있었던 터라 아버지도 자식들도 혼돈 없이 모든 과정을 의논하며 밟아나갈 수 있었어요. 무책임하게 발달한 의료와 과잉된 생명 윤리와 복지의 사영화로, 누가 이익을 챙기고 누가 고통을 감수하는가를 들여다볼 필요가 있지요. 그대도 놔두면 의료 자본만 이익을 챙기고 우리는 당하기만 하는 세상이거든요.

죽음 근처에서 허둥지둥하다 응급실이나 중환자실에 들어가 버리면, 여차하면 가족도 옆에 없는 채 온갖 의료 설비들을 몸에 꽂은 채로 죽음을 맞게 될 가능성이 커요. 이제는 존엄사를 넘어 자유 죽음도 깊이 생각해볼 필요가 있어요.

제 경우, 내 몸과 정신 능력의 어느 단계에서 스스로 자유 죽음을 선택하겠다는 작정이 상당히 단호해요. 죽음에 관한 일이어서 장담까지 할 것은 아니지만 계속 이어지는 제 작심은 그래요. 자식과 가족에게 기회가 있을 때마다 제 생각을 알려놓지요. 엄마의 죽음 과정을 함께 지킨 남매들은 '나도 자유 죽음'까지는 아니어도 적극적인 반대는 없어요.

그러다보니 현재의 삶이 더 단출하고 자유롭다고 여겨져요. 어떤 노년과 죽음을 맞고 싶은가는 '나는 무엇으로 행복한가?', '왜 사는가?', '나는 어떤 사람이고 싶은가?'를 명확히 해 나가다보면 자연스럽게 답이 나오는 문제라고 생각해요.

세계적인 베스트셀러 《사피엔스Sapiens》를 쓴 역사학자 유발

하라리Yuval Harari는 '행복은 자신과 세상에 대한 진실을 아는 것'이라는 말을 했고, 저는 이 말에 깊이 동의해요. 혹 '진실을 안다'는 확신까지는 못 얻는다 하더라도, 그 진실을 추구하는 과정에서 우리는 소문이나 이데올로기에 속지 않고, 자신만의 삶과 죽음을 만나가리라 생각해요.

자존감은 힘이나 재력 같은 외적 요인이 아닌, 기대치의 문제이지요. 타인이나 세상의 기준에 비교하지 말고, 누가 뭐라고 하든 나의 가치관을 명확히 해나가는 것이 중요해요. 물론 내 판단과 가치관에 갇히지 않는 것 역시 중요해요.

사람은 누구나 자기중심적인 존재라는 한계를 인정하고 나 이외의 것을 향해 열린 태도를 갖는 것은 중요합니다. 하지만 속거나 휘둘리지는 말자는 거예요. 신자유주의가 어쩌고, 인구절벽이 어쩌고, 거대한 중국 코끼리가 어쩌고 하는 전망들이 모두 다 사실이라고 쳐 보자고요.

그 안에서 내가 무엇을 지향하며, 어느 편에서 누구와 연대하면서 삶과 사회를 꾸려나갈 지를 깊이 생각했으면 해요. 늙은 몸으로도 경쟁을 위해 끊임없이 달리시겠어요? 아니면 멈추어서서 내가 왜 달리고 있는지를 생각해보시겠어요? 자식이 걱정돼서 뭘 좀 더 물려주기 위해 계속 달리셔야 하나요? 웬만큼 해줬으면 이제 됐어요. 그들은 그들 세상을, 그들의 삶을 살아갈 거예요.

나이가 들면서 젊은 시절의 열정과 자기중심성으로 인해 저지른 많은 시행착오와 오류들을 돌아보게 돼요. 그것들을 통과하고 난 지금은, 자기 생애를 여유 있게 돌아볼 수 있고, 이를 통해 주변이나 소외된 사람들과 가능하면 무언가를 나누는 실천을 하기에 가장 좋은 때지요. 시간 여유도 많아지고, 마음의 품도 넓고 깊어지지요.

게다가 늙었다는 건, 죽음이 멀지 않았다는 건, 용기를 내기에도 가장 좋은 때입니다. 자식 양육 등 필수적인 책임 항목도 대체로 끝났고, 죽음이 멀지 않았으니 목숨을 걸고 좋은 일에 매진하기에도 덜 아까운 시절이지요.

제 경우에는 젊은 시절도 그랬지만 나이가 들어서는 더더욱, 단출함이 편해요. 간단하게 사는 거죠. 우리가 필요로 했던 그 모든 것들이 과연 진정으로 필요한 것이었나를 돌아봐요. 물론 아이들의 양육과 교육을 위해 혹은 자신과 가족들의 불확실한 미래를 대비해 우리 모두 어느 만큼의 물질들이 필요했어요.

우리는 생의 모든 시기에 다음 어느 시기들을 준비해야 하고, 그것은 노년에도 마찬가지예요. 그러나 돈이 얼마나 필요한지에 대해 떠들어대는 신자유주의적 선동에 말리지 말자고요. 진정으로 원하는 삶이 무엇인지를 명확히 한다면 단출한 삶을 수긍하는 것이 가능하리라고 생각해요.

　자신의 조건을 수긍하자는 것은 불평등과 불공정에 눈을 감자는 것은 아니에요. 사회의 구조적 불평등에 대해서는 끊임없이 참여하면서 더 공정한 사회를 만들어 나가야지요. 이것은 사회적 존재로서의 중요한 몫입니다. 하지만 돈에, 타인의 시선에, 이데올로기의 소문에 휘둘리지 않고 자존감과 자긍심을 만들어가는 힘이야말로, 공정한 사회를 만들어가는 가장 좋은 힘이라고 생각해요.

Q. 서울대생에게 설문 조사를 했는데, 자신의 부모에게 바라는 것이 무엇이냐에 대해 70%가 돈이라고 했다고 합니다. 더불어 부모님이 몇 살까지 살았으면 좋겠냐는 질문에는 80%가 63세라고 답했습니다. 왜 이런 이야기가 나왔냐 하면요, 장수하셔서 유산을 다 쓰고 돌아가실까 걱정이라고 해요. 나이가 때로는 58세로 줄어들기도 하고 %가 올랐다가 줄어들었다 이러거든요.

그런데 이 조사는 가짜 뉴스입니다. 하지만 이 이야기를 말씀드렸을 때 다들 씁쓸하면서도 수긍을 하셨죠? 진심이 담겨 있으면서 동시에 불안과 공포로 다가오는 거죠. 우리가 나이가 들어서 독거노인으로 살더라도 시설에 들어가는 것을 원치 않는 것이 현재까지는 일반적인데, 그걸 또 피할 수 없는 거잖아요. 그래서 이상적인 대안이라고 하기는 어렵겠지만 어떤 모습, 어떤 가족 형태, 혹은 공동체가 되어도 좋으니 나이가 들었을 때 어떤 관계를 만들어 나가는 것이 필요한지 한 말씀만 부탁드립니다.

신자유주의가 판을 치는 세상에서는 노인이 가족과 함께 산다든가 노인이 골목 안에서 의미 없이 사는 것은 갈수록 요원해지고 있어요. 우리는 인지장해가 굉장히 문제고, 장애고, 병이라고 말합니다. 하지만 유럽에서는 그것 자체를 노인의 특성으로 받아들여지게 하는 시스템으로 마을이 돌아가게 하는데 이것이 얼마나 이 땅에서 퍼져나갈지는 모르겠지만 그런 식으로 하는 게 가능할 수도 있겠다, 라는 생각이 들기도 합니다.

또 하나는 본인이 노인이거나 노인과 관계를 맺고 계신 분들이 많은데, 제 부모도 그렇고 제가 인지장해 노인을 상대로 얘기를 하든가 독거노인과 얘기를 하든가 끊임없이 염두에 뒀던 것이 무엇이냐면, 이 노인이 무엇을 못 하느냐가 아니라 나는 이 노인과 무엇을 가지고 놀 수 있느냐, 였어요.

노인은 계속 점점 못 해져요. 그 속에서 오늘날 이 노인이 무엇을 할 수 있는 기력이 남아 있는가, 그걸 가지고 함께하면 얼마든지 노인과 즐겁게 지낼 수 있어요. 그건 아마 저의 노년에 대해서도 그러지 않을까 싶어요.

앞에서 단출함에 대해 말씀 드렸는데 저는 자유 죽음, 보통 자살이라고 말하죠. 이제는 생명을 절대적인 불가침의 영역으로 볼 것은 아니라고 생각해요. 특히 의료가 자본과 맞장구를 치면서 이익을 챙기고 있는 이 속에서 의료에 대해 어느 정도는 선택을 해야 한다고 생각해요.

저는 60세가 넘어서 건강 검진을 안 받아요. 이제부터 오는 병은 나의 마지막을 향한 병이라고 생각하고, 이게 저뿐만 아니라 제 주변에 많은 친구들이 그러는데 이런 식으로 어떤 삶 이상은 안 살겠다는 결단이나 이제 구체적으로 고민되어지기 시작했고 각각도 고민해야 해요. 그래도 놔두면 의료만 이익을 보고 우리는 당하기만 하는 세상이라고 생각해요.

이럴 때 저는 그것은 의료뿐만 아니라 삶의 끝에 대해서도 어디까지라고 적극적으로 선택하는 거, 그것이 중요하다고 생각합니다. 제 경우에는 아마 어느 단계에서 스스로 자유 죽음을 하겠다는 것이 상당히 단호해요. 그렇게 때문에 훨씬 더 단출하고 자유스럽다고 생각합니다. 그것을 작심하고 나니까 훨씬 더 좋더라고요.

거대한 도시와
노인의 새로운 삶

정윤수

문화평론가, 성공회대학교 문화대학원 교수

사회자

∶
∶
∶
∶

안녕하세요. 가을바람이 점점 쌀쌀해지기 시작하는데 이
번 주에도 많은 분들이 안양문화예술재단이 진행하는 '세대
문화 인문 대중강좌'를 들으러 이렇게 자리를 가득 채워주셨
습니다. 감사합니다.

안양문화예술재단이 지난 2014년부터 세대문화 인문 대
중강좌를 해오고 있어요. 올해로 벌써 4년째 하고 있는데, 그
사이에 아시는 분들은 아시겠지만 세 권의 책이 출간되었습
니다. 《나이 듦 수업》, 《선배 수업》, 《당신의 이야기는 무엇입
니까》 이렇게 세 권의 책으로 결실을 보았는데요. 올해 시행
중인 이 사업도 계속해서 단행본으로 출간될 예정입니다. 오
늘 말씀 잘 들으시고 곧 출간될 책으로 다시 한 번 보신다면
복습하시는 게 될 것 같아요.

올해는 시니어 세대와 중년 세대를 중심으로 노년의 삶과
문화에 대해 살펴보는 인문학 강좌로 기획됐습니다. 그 두
번째 강좌를 맡아주실 분은 도시 공간과 문화 양식에 대해

연구와 비평 활동을 꾸준하게 해오고 계시는 문화평론가이자 성공회대학교 문화대학원 교수로 재직 중인 정윤수 선생님입니다.

오늘 강의 내용은, 도시는 점점 거대해지는데 그 안에서 살아가는 사람들은 점점 왜소해지는 심각한 문제를 분석해 주실 것으로 기대됩니다. 대도시는 여러 문화 시설과 복지 시설 그리고 함께 살아가는 사람들이 있어서 떠날 수 없는 곳이지만 동시에 혼자서 쓸쓸하게 나이 들어가야 하는 고독한 '익명의 섬'이기도 하죠.

급격히 고령화 사회로 진입하고 있는 이 때에 매우 시의적절한 주제라고 생각합니다. 그럼 문화평론가 정윤수 교수님의 강연 〈거대한 도시와 노인의 새로운 삶〉을 큰 박수로 시작하겠습니다.

정윤수

·
·
·
·
·

　방금 사회자께서 이 행사의 취지에 대해 잘 말씀해주셔서 제가 중언부언할 필요는 없을 거 같고요, 오늘 함께 나누고 싶은 얘기는, 이미 앞에서 기본적인 줄기를 말씀해주셨습니다만, '이 거대한 도시에서 어떻게 인간적인 삶이 가능할 것인가'라는 테마에 관한 이야기입니다.

　실은 이 주제가 굉장히 중요함에도 불구하고 제도적으로 누가 담당해야 할지, 학문적으로 어느 연구 분야에서 집중해야 할지, 또 복지 차원인 것인지 도시 공학 차원인지 등 많은 부분이 불확실한 상태이기 때문에 오늘 들으시는 분들께서는 상황에 대한 진단은 공감하겠는데, '글쎄, 그래서 어떻게 해야 하는 거지' 하고 조금 부족하게 들으실 수도 있다는 점 미리 말씀드립니다.

　크게 보면 거대 도시와 노인의 삶에 대한 학문적 관심이 복지 정책의 주요 대상이 된 것이 불과 몇 해 되지 않습니다. 빠르게 고령화 사회에 접어들면서 어르신들 당사자뿐만 아니라 그와 연관된 자녀분들이나 사회 전체가 처음 겪은 사태라서 지금은 정책적 진단으로 이런 저런 수단이 진행되는 중입니다. 그중에서 우리는 이 거대한 도시의 공간적인 속성들, 그 성격에 대한 파악을 위해 모였습니다만 저마다 불가피하게 삶의 여러 경로를 통해 서울이나 수도권에서 평생을 보내시는 분들에게 다가오는 진짜 문제가 무엇인지, 그리고 그것이 과연 복지 정책만으로 해결될 수 있는 것인지, 요즘 크게 뜬다고 하는데 이를테면 스마트 장비를 노인 거주 집안에 몇 개 더 장착하는 걸로 인간적인 삶이 가능한지와 같은 고민이 있습니다.

물론 최신 테크놀로지는 큰 도움이 됩니다. 예를 들면 서울 서초구는 벌써 시도하고 있는데요. 독거노인이라든지, 질환이 있으신 분들을 위해 인권을 침해하지 않는 범위 내에서 집안에 센서나 장치를 해놔서 홀로 계신 분께서 만일의 사태가 생기거나 아니면 어떤 필요에 의해서 센서나 벨을 눌렀을 때 구청이나 보건소에 연결될 수 있는 이런 것도 굉장히 중요하고 더욱 더 확산돼야 합니다.

그러나 그러한 기계 장치만으로 해결할 수 없는 부분도 상당히 많이 있습니다. 그런 부분을 오늘 공감하는 차원에서

향후 5~10년 안에 우리 모두의 문제가 되는, 즉 노인만의 문제가 아니라 사회 전체가 머리를 맞대야 하는 문제에 대해 전반적인 인식의 변화를 조금이라도 도모해야 한다는 이야기를 오늘 드리려고 합니다.

01

세대 간의
단절

먼저 애틋하고 아름다운 시 한 편을 함께 읽고 싶습니다. 화면에 보시면 김사인 시인의 시 '아무도 모른다'가 보이시죠? 제가 주요 부분을 읽을 테니 여러분은 눈으로라도 한번 다 읽어주시고, 나중에 인터넷을 검색하시면 김사인 시인이 직접 낭송한

시를 보고 들으실 수 있는데 꼭 살펴보시기 바랍니다.

나의 옛 흙들은 어디로 갔을까

땡볕 아래서도 촉촉하던 그 마당과 길들은 어디로 갔을까

나의 옛 개울은, 따갑게 익던 자갈들은 어디로 갔을까

나의 옛 앞산은, 밤이면 굴러다니던 도깨비불들은 다 어디로

갔을까

런닝구와 파자마 바람으로도 의젓하던 옛 동네어른들은 어

디로 갔을까 누님들, 수국 같던 웃음 많던 나의 옛 누님들은

다 어디로 갔을까

나의 옛 배고픔들은 어디로 갔을까 설익은 가지의 그 비린내

는 어디로 갔을까 시름 많던 나의 옛 젊은 어머니는

나의 옛 형님들은, 그 딴딴한 장딴지들은 다 어디로 흩어졌

을까

이상입니다. 그 이하는 시간 관계상 생략했습니다만, 이 시에
서 오늘의 주제와 관련하여 가장 인상 깊은 부분은 '런닝구와
파자마 바람으로도 의젓하던 옛 동네어른들은 어디로 갔을까'
하는 대목입니다. 요즘이야 어르신들이 이런 차림 자체를 안 하
시지만 설령 어느 분이 하신다 하면 우선 가족들부터 걱정이고

그 차림으로 아파트 단지라도 나서면 혹시 신고 당할지도 모르겠습니다.

이 시는, 시인의 어린 시절에 대한 환기이기도 하겠지만 뭔가 시간의 적층된 흐름 속에서 살아가는 인간의 존재가 점점 더 거센 세계의 파도와 변화 속에서 계속 휩쓸려 사라져 가면서 우리가 현재 지점에서 마치 디지털시계처럼 존재하고 있는 현대인의 운명적인 상황을 착잡하게 묘사하고 있다고 생각합니다.

오늘날 우리 어르신들 역시 자신들의 기억이 제대로 존중되고 평가받고 인정받고, 그래서 내가 존재하는 것이 나의 기억의 적층 속에서 내가 인정받고 존중되어서 존재하는가, 하고 물을 필요가 있습니다. 하지만 실상은 전혀 그러지 못하죠. 우리는 우리 기억들을 가난의 기억이든 어려웠던 시절의 여러 가지 사회적 상황의 기억이든 그 기억을 훼손하거나 망각하거나 기억하지 말라는 압도적인 개발주의 시대를 살아냈습니다. 그러다 보니 도시 전체가 집단적으로 살아온 삶의 기억 자체를 무시하거나 왜곡하는 현상을 보입니다.

도시 안에 누적된 어른들의 여러 기억조차도 꺼내어 보면 굉장히 왜곡된, 더불어 꺼내기가 불편하고 꺼내어 이야기를 시작하면 젊은 세대들이 듣지 않는, 옛 기억들이라는 오래된 삶의 누적된 경험들은 더 이상 소용 가치가 없는 그런 거대한 도시로 계속 가고 있음을 이 시는 착잡하게 표현해주고 있습니다.

살면서 겪었던 많은 어려움들, 뜻하지 않은 슬픔들, 이 방향으로 가고자 했으나 원치 않게 다른 방향으로 밀려야 했던 삶들, 그런 일그러지거나 뒤틀려진 무언가 속에서도 삶의 기준, 삶의 가치, 최소한의 소박한 인간적 관계들 등이 오늘날은 거의 사라지거나 폄하되는 현실이지요.

과연 이 도시는 노인들의 경험을 기억으로 소중하게 여기고 있는 도시인가? 젊은 친구들 혹은 손자, 손녀들은 인터넷에 빠져 있고 할아버지, 할머니와는 대화도 안 한다, 뭐 이런 현상적인 문제가 아니에요. 집에 있는 손자, 손녀들이 다 버르장머리 없는 건 아닙니다. 시대의 거대한 변화에 의해 세대 간 대화가 잘 안 되는 것뿐이지요. 젊은 친구들이 얻고자 하는 삶의 지침이나 일상의 정보들에 대해 윗세대가 알려줄 것이 거의 없어진 형편입니다.

옛날에는 농사를 짓는다 하면 어른들에게 물어봐야 했습니다. 파종을 언제 해야 하는지, 나무를 베어도 되는지를 어르신들에게 여쭤보면 됐습니다. 우리 젊은 친구들이 노인을 공경하지 않아서가 아니라 물어볼 게 없는 거예요. 오히려 우리가 물어봐야 합니다.

게다가 일부 어른들, 일부 노인들은 어쩔 수 없이 몸은 21세기에 있지만 정서는 20세기, 아니 19세기에 머물러 있기도 합니다. 유튜브로 가짜 뉴스나 보면서 지하철에서 생전 처음 보는 남의 집 자식들에게 고함이나 치고, 아주 부분적인 현상이지만 이런 특별한 감정 표출이 노인 세대 전체를 대변하는 것도 사실입니다.

그러다 보니 노인에 대한 인식 자체가 달라졌습니다. 여기 두 편의 동시가 있습니다. 하나는 백민 시인의 시 '할머니 무릎에 누우면'입니다. 2003년 그러니까 지금으로부터 15년 전의 작품입니다. 뒷부분을 읽어보겠습니다.

내가 힘들어
염치코치없이 달려들 때도
자장자장 자장노래로
등을 다독여 주시면
등을 긁어 주시면

봄날 아지랑이가
솔솔 피어오르듯
보슬비가 꽃잎에
사알살 내려앉듯

할머니 손끝에 매달린 가루는

또

사알살 뿌려줍니다

어떻습니까. 15년 전만 해도 이 시가 말해주듯이 노인은 자상하고 점잖으신 어른이었습니다. 이번에는 이옥근 시인의 '횡단보도에 갇힌 할머니'입니다. 2012년 작품이니 비교적 근래의 작품이라 할 수 있습니다.

깜빡이며 재촉하던

초록빛 신호가 꺼지자

성질 급한 차들의 빵빵대는 소리

놀란 할머니

길 가운데 섬이 되었다

건너야 할 길은 먼데

아직 중간도 못 갔는데

횡단보도 흰 창살에

꼼짝없이 갇혀버린 할머니

차들이 지날 때마다
유모차에 실린 배춧잎도
파르르 떤다

어떠신지요. 노인 전용 보행기도 아니고 어디서 낡은 유모차 하나를 구해서 걸어 다니시는 가난한 할머니가 묘사되어 있습니다. 처량하고 안쓰러운 모습입니다. 완전히 일반화를 할 수는 없지만 정신적으로든 물질적으로든, 오늘날 노인들의 어떤 형편을 잘 보여주고 있습니다. 부경대 국어국문학과 채영희 교수의 논문에 따르면, 노인은 '구부정한 허리, 여윈 몸, 이빨이 빠진, 허름한 옷을 입은, 거동이 불편한' 등과 연관되고, 늙은이는 '초라한, 무기력한, 망령이 든, 오갈 데 없는, 귀가 먹은, 못살게 구는, 냄새나는, 주책맞은, 수다스러운, 자신의 늙음을 모르는, 젊은이를 희생시키는' 등과 연관이 되는 것으로 나타났습니다.

노인이라 함은 '지혜로운, 인자한, 덕망 높은' 등의 긍정적 연관어보다 이처럼 부정적인 어휘가 일상화된 것입니다. 김사인 시인이 노래했던 '런닝구와 파자마 바람으로도 의젓하던 옛 동네어른들은 어디로 갔을까' 하는 시구는 낭만적 허구가 아니라 생생한 현실인 셈이지요.

대진대 강문철 선생의 논문 〈Aging in place 개념으로 본 도시형 노인주거 연구〉를 참조해서 말씀드리지요. 이 논문은 국내 주요 도시와 일본, 싱가포르를 분석하였는데 일본, 싱가포르에 비해 국내 도시들은 노인들이 함께 공유하는 이른바 '쉐어공간'이 부족합니다. 노인이 스스로 모든 것을 행할 수 있는 완전 자립형 공간, 어느 정도 케어가 필요하지만 대부분을 스스로 행할 수 있는 부분 의존형 그리고 모든 것에 도움을 주어야만 하는 완전 의존형으로 나눠볼 때 현재 우리나라는 완전 자립형과 부분 의존형에 대한 정책을 중심으로 주거 복지 또는 공간 복지 정책이 진행되어 왔습니다.

지역 내에서의 지속적인 삶보다 지역의 이동에 초점이 맞춰진 측면도 있지요. 노인들의 도시 지역 거주율이 꾸준한 증가하는 추세에서 도시 내의 지속적인 교류와 사회와의 소통을 통해 고립감을 극복하고 생활의 활력이 되는 주거 공간 정책이 요구된다고 하겠습니다.

사실 우리의 주제와 관련해서는, 한국 사회가 거대한 두 개의 문제를 동시적으로 마주하고 있습니다. 그 하나는 급속한 도시화이고 다른 하나는 노령화입니다. 2030년이 되면 전 세계 인구의 약 90%가 도시에 거주하게 될 것이다, 라는 예측이 있습니다.

서울시 자료를 보면 여기에 노령화가 결부됩니다. 이미 우리 사회는 2016년 노령 인구가 유소년 인구를 추월했습니다. 2027년에는 그냥 노령화 사회가 아니라 초노령화 사회가 될 것입니다. 인구사회학에서는 노인 인구 20% 정도를 초노령화 사회로 보는데 앞으로 10년 안팎에 우리 사회가 그렇게 되리라 예측하고 있습니다.

통계청 자료를 보면 언젠가 초노령화 사회가 된다는 것이 문제가 아니라 그 속도가 더 중요합니다. 왜냐하면 속도에 따라 그것을 준비하는 기간이 부족한 거죠. 대처하는 상황이나 정책적 수단을 만들어내는 것과 같은, 노인에 대한 인식을 대대적으로 변화시키는 것 말이죠.

지금 이 상태로 현재 우리나라 노인의 정서나 신체에 대한 인식의 대대적인 변화가 일어나지 않는 채로 10년 이상 흘러간다면 세대 간에 전쟁이 일어납니다. 당신들이 안정적으로 해결하지 못한 이 모든 문제를 왜 우리(젊은 세대)가 열심히 벌어서 다 해결해야 하느냐 하는 충돌이 불가피하다는 것입니다.

이른바 선진국의 평균 노령화 속도는 2005년에서 2050년까지 큰 변화 없이 서서히, 그 변화에 맞춰 다양한 정책을 구비해가면서 진행되는데 우리는 급속하게 가고 있습니다. 1950년대

말에서 60년대 초반에 태어난 '베이비부머 세대'가 지금으로부
터 짧게는 20년, 길게는 30년을 더 사신다고 보면 2030~2040
년이 되는데 이때부터가 바로 초노령화 사회가 되는 것이지요.

통계청에 따르면 65세 이상 인구가 대략 720만 명이 되는데,
16개 시도로 어떻게 형성이 되어 있는가를 봤을 때 전라남북도
에서 충청도를 거쳐 경북 내륙과 강원도로 이어지는 농촌 지역
쪽으로 노령화가 상당히 심합니다. 제가 경북 영주 출신인데 그
곳 어디엔가 장수 마을이 있습니다.

21세기 초에 그런 마을을 많이 지정했지요. 그런데 최근에는
장수 마을을 선정하려고 보니 일단 다 장수 마을이고요, 예전과
달리 장수 마을로 선정하려고 하면 그 마을에서 거부를 하기도
한답니다. 말이 좋아 장수 마을이지 노인들만 모여 있는 쇠락한
마을이라는 뜻의 다른 표현이기 때문에 오히려 장수 마을로 지
정하지 말아달라는 주문도 있다고 합니다.

02

삶과 죽음에 대한
재인식

　이런 상황에서 삶과 죽음에 대한 재인식 그리고 그에 따른 과거와는 다른 풍습도 서서히 생겨나고 있습니다. 우리의 전통 상례喪禮는 기본적으로 유교식 풍습에 따라 묏자리 풍수까지 가려가며 매장을 하는 것이었지요. 그러던 것이 1980년대 이후

비좁은 국토가 온통 묘지로 변할 수도 있다는 사회적 공감에 따라 급변하기 시작하여 지금은 화장이 대세를 이루고 있습니다.

보건복지부가 한국보건사회연구원에 의뢰한 '장사제도 및 문화에 대한 국민인식조사'(2010년)에 따르면 응답자의 79.3%가 화장을 선호한다고 답했으며, 매장을 원한다는 대답은 15.1%에 그쳤습니다. 역시 보건복지부 조사에 따르면 1991년 화장률은 17.8%였으나 2000년대에 들어 절반을 웃돌기 시작하여, 2005년 52.6%, 20011년 71.1% 등으로 증가했습니다. 2010년의 경우, 외국인을 제외한 사망자 25만 5,403명 가운데 17만 2,276명이 화장으로 장례를 치러 전국 화장률이 67.5%[2]에 달했습니다.

도시뿐만 아니라 농촌에서도 화장률과 그 시설이 급증했지요. 경남 남해군의 경우 화장률이 70%에 달하고 군민 1만 5,000명이 화장 서약을 하였습니다. 2001년 '장사 등에 관한 법률' 시행 이전에는 겨우 9%에 불과했던 화장률이 전국 농어촌 지역 중에서 가장 높은 70%에 이른 것입니다.

여타 농어촌의 경우 화장률은 평균 40%[3]대입니다. 전통적

---

2) 연합뉴스, 2011년 9월 9일자 보도
3) 국민일보, 2012년 1월 31일자 기사

으로 매장 문화가 뿌리 깊은 제주에서도 2011년 9월 집계로 도내 사망자 2,336명 가운데 1,172명이 화장으로 장례를 치러 화장률이 50.2%를 기록했습니다. 이는 10년 전인 2001년 16.1%보다 크게 높아진 수치[4]입니다.

기본적으로 묘지 면적의 부족이라는 물리적 조건이 우선한 결과이지만 묘지 면적의 부족에 따른 정부의 강력한 정책 추진으로 이렇게 화장률이 높아졌다고 볼 수는 없습니다. 여기에는 개인의 죽음을 공동체의 연대로 해결하였던 과거와는 완전히 달라진, 오늘날의 삶과 죽음에 대한 인식의 변화가 깔려 있습니다.

오늘날 일반적으로 노환에 의해 세상을 떠나는 사람들이 살아내야 했던 20세기 중후반의 삶이란 어떤 가치 있는 삶의 목적 지향적 실현이라기보다 생존 그 자체가 목적인 삶이었습니다. 전쟁과 분단, 가난과 독재의 압도적인 영향력 아래에서 집한 채 장만하여 가족을 건사해내는 것이 유일무이한 목표였던 것입니다. 더러 그것이 원만하게 이뤄진 경우도 있지만 후대의 삶 또한 살인적인 경쟁의 연속이고 한때 자신이 고향을 등지고 서울로 올라왔을 때처럼 손자 세대 또한 살벌한 경쟁 도시의 한

---

4) 제주뉴스, 2011년 12월 4일 기사

구석에서 힘겹게 하루하루를 견뎌내는 모습을 안타깝게 지켜보는 경우도 많았습니다.

따라서 죽음에 이르는 절차는 물론이고 후대의 자식들이 성묘를 하고 벌초를 하는 수고로움까지도 화장이라는 '깨끗한' 방식으로 선결해버리고자 하는 마음은, 자신의 질병과 죽음이 가족들에게 큰 부담이 되는 것을 원치 않는, 이 살인적인 경쟁의 산업화 드라이브를 겨우 견뎌내고 이제 곧 영면에 들고자 하는 이들의 일반적인 바람입니다.

앞서 언급한 보건복지부의 조사에 따르면 매장 대신 화장을 선호하는 이유로 '깨끗하고 위생적'이라는 응답이 35.1%로 가장 많았고, '간편해서'(27%), '관리하기 쉬워서'(25%), '비용이 저렴해서'(4.6%) 등이 다음 이유로 나타났는데 이러한 답변들은 화장률의 증가가 묘지 면적의 문제가 아니라 치열한 생존 사회에서 아직은 더 많은 시간을 살아가야 하는 자식들에게 경제적, 심리적 부담을 물려주지 않으려는 의식의 소산이라고 할 수 있습니다.

지난 2006년 10월, 네덜란드의 글로벌 보험금융 회사인 '푸르덴셜생명'의 광고가 사회적 파장을 일으킨 적이 있습니다. 이 광고는 '10억을 받았습니다'라는 문구로 시작합니다. 남편이 사망한 후 10억 원의 보험금을 탄 아내가 보험설계사의 도움으로 전원주택에서 딸과 함께 행복하게 살아간다는 내용이었습니다.

애절하게 흐르는 배경음악만 빼고 보면 마치 행복한 남녀의 결혼 생활 풍경처럼 보였지요. 일각에서는 비난했지만 일각에서는 현실이 아니냐고 반박하기도 했습니다. 어쨌든 살아남은 사람들은 살아가야 하는 게 아니냐는 얘기였지요. 어느 상조회사는 노인을 대상으로 한 광고 문구에서 '죽은 뒤에도 자식들에게 짐이 되시겠습니까?'라고 말합니다. 이 역시 냉혹한 현실의 단면입니다.

오늘날의 노인들은 최소한 유년기를 농촌 공동체에서 성장한 세대입니다. 그들이 성장하던 무렵의 농촌 마을 공동체에서 장례는 온 마을 사람들이 함께 치르는 의례였습니다. 엄격한 절차 속에서 마을 사람들 모두가 애도의 뜻을 강하게 드러냈습니다. 곡소리가 끊이지 않아야 했으며 아이들도 상여 앞에서 만장을 들고 죽음 의례에 참여했지요.

공동체 성원 모두의 애도 및 의례 참여, 자식과 친지들의 비통함의 격렬한 표출, 따라서 혼자 고독하게 죽는 게 아니라 공동체 사이에서 혈연관계와 다를 바 없는 성원들이 지켜보는 가운데 떠나간다는 안도감, 자신이 나고 자란 고향의 뒷산에 묻혀

영면한다는 의식, 만약 그곳이 선영일 경우 앞서 간 조상님들의 발치 아래에 영원히 잠든다는 혈연적 의식 등이 존재했습니다.

그러나 오늘날 대도시의 아파트 군락지에서는 이 같은 집합적 정서를 전혀 기대할 수 없습니다. 지금 죽음을 앞둔 노인 세대가 바로 그 변화의 물결에 따라 도시로 와서 외롭게 죽어가는 첫 세대가 됩니다. 이들은 대체로 '죽으면 다 그만이지, 부러 짐이 될 이유가 있나, 고향이 아닐 바에야 차라리 화장이 낫지'라고 생각합니다.

죽음과 장례에 따른 자식들의 경제적 부담에 더하여 죽음 그 자체에 대한 역사적 변화의 한 단초를 보여줍니다. 몇 해 전만 해도 텔레비전 드라마에서 죽어가는 자는 가족을 향해 유언을 남기곤 했어요. 그런데 요즘 드라마에서는 유언하는 장면이 거의 나오지 않습니다. 실제로 꽤 많은 사람들이 유언을 남기지 못하고 죽어 갑니다.

그들은 생명 연장 장치들을 몸에 부착한 채 중환자실에 누워 있고 가족들은 복도에 있거나 아니면 그마저도 급박한 생활 때문에 간병인에게 맡기기도 합니다. 임종을 지키기는커녕, 안타깝게도 가족이 병원으로부터 부고를 듣는 일까지 발생하지요.

오늘날의 노인들은 최소한 유년기를

농촌 공동체에서 성장한 세대입니다.

그들이 성장하던 무렵의 농촌 마을 공동체에서

장례는 온 마을 사람들이 함께 치르는 의례였습니다.

엄격한 절차 속에서 마을 사람들 모두가

애도의 뜻을 강하게 드러냈습니다.

곡소리가 끊이지 않아야 했으며

아이들도 상여 앞에서 만장을 들고

죽음 의례에 참여했지요.

03

노인들의
고립과 자존

이렇게 오늘날의 노인 세대는 20세기라는 냉혹한 생존기를
견뎌낸 이후에도 편안한 노후를 보내지 못하고 죽음 이후에도
영원한 안식을 깃들기 어려운 첫 세대가 되고 있습니다. 이를
보다 정확하게 살피기 위해 몇 개의 연구 성과들을 통해 말씀드

리겠습니다.

　일단 도시 노인들은 어떻게 생활하는가, 하는 점부터 보겠습니다. 2014년도 보건복지부의 노인 실태 조사 결과에 따르면 노인의 도시 지역 거주 비율은 꾸준히 증가 추세를 보이고 있으며, 평균 수명의 증대 등으로 인하여 후기 노인의 비율이 증가하였고 노인의 교육 수준이 크게 향상되었으며 사회 경제적 변화와 더불어 가치관의 변화 등이 종합적으로 반영되어 노년기의 대표적인 거주 형태가 자녀 동거에서 단독 가구로 변화하고 있습니다.

　2011년 같은 조사와 비교할 때 자녀 동거 가구는 27.3%로 급감하였고 노인 단독 가구는 68.1%로 급증하였습니다. 기혼 자녀가 노부모를 모시고 생활하는 형태는 약 11%에 불과한 현실입니다. 이런 상황에서 대부분의 노인들은 라디오 청취, TV 시청, 집안일, 손자, 손녀 돌보기 등 가정 내에서 혼자 소일을 하거나 친척, 친구 방문 등 단순 모임이나 장기, 화투, 자익, 바둑 등 소극적으로 여가생활을 하는 경우가 대부분이지요. 서울대 환경대학원 김영은의 학위 논문 〈노인 집중 현상을 통해서 본 제기동의 도시공간특성 연구〉를 살펴보면 의미 있는 현실을 잘 파악할 수 있습니다.

　그리고 물론 당연히 비도시, 즉 농촌의 노인들도 중요합니다.

예전에는 고립된 도시에 비해 기존의 생활 네트워크가 살아 있는 농촌 지역 노인들이 적어도 고립감은 덜 느낄 것이다, 이렇게 보았습니다.

그런데 계명대 김은정과 이신영의 논문 〈농촌 노인의 비공식적 사회관계망과의 사회적 지원과 우울성향〉에는 조금 다른 현상이 나타나고 있다고 주장합니다. 기본적으로는 전통적인 농촌 사회의 오래된 인간관계가 훨씬 더 노인의 정신 건강에 도움이 됩니다만, 어떤 경우에는 '거주지를 중심으로 한 소규모 지역 사회의 지나친 폐쇄성'이 부정적으로 작동할 수도 있습니다.

독거 여부, 월 평균 소득, 건강 복지와 관련해서는 도시 노인들이 좀 더 양호하기도 하고요. 서울대 최선미와 홍준형의 논문 〈도시와 농촌 노인들의 자살 영향요인에 관한 근거이론 연구〉를 보면 '연대 의식이 결여되고 있는 상황에서 도시에서는 높은 접근성과 인위적으로라도 형성된 중첩적인 사회적 관계망이 약화된 유대감과 연대 의식을 보완하여 사회적 안전망의 역할을 하고 있는 것'으로 나타났습니다.

반면 '농촌 주민들의 생활 방식과 사고 방식도 이미 도시화되었고 농촌 역시 기계가 사람을 대신함에 따라 품앗이 등으로 이루어지던 전통적인 유대감이 약화'되고 말았지요. 도시는 '여러 가지 이용할 수 있는 사회적 관계망이 형성됨에 따라 오히려 농촌보다 도시에서 노인 자살이 낮게' 나타난다고 두 연구자는 설명하고 있습니다.

이 자리에서 일반화하여 말씀드릴 수는 없지만, 즉 도시는 고립되어 있고 농촌은 그래도 한마을 공동체가 살아 있다고 쉽게 말하기 어려운 측면도 있다는 점입니다. 하여간 급격히 사회가 변하고 그 내부적인 구성 요소들 또한 변하기 때문에 과거와는 다른 인식과 정책이 필요하다는 점을 다시 강조해 드립니다.

이를테면 건강도 그렇습니다. 인제대 김혜령의 논문 〈도시지역 저소득층 여성노인의 우울과 위험요인〉에 따르면 '규칙적으로 적어도 일주일에 1회 이상 사회 활동에 참여하는 여성 노인에 비해 참여하지 않는 여성 노인은 우울 유병률'이 높게 나왔습니다. 여성 독거노인을 대상으로 사회 활동에 참여한 경험이 있는 대상자에 비해 참여한 경험이 없는 대상자의 우울감이 증가한다는 기존의 연구와 같은 맥락입니다.

'사회 활동 경험이 있는 노인들에 비해 경험이 없는 노인들에서 그 활동 빈도가 낮을수록 우울감이 높다는 연구 결과들'도 많습니다. 즉 '저소득층 노인들뿐 아니라 다양한 여건의 지역 사회 노인들에서 규칙적인 적극적인 사회 활동의 기회를 제공하는 것'이 노인 개인의 우울증 등을 예방하는 데 중요합니다만 이로써 그 세대 전체가 활력 있게 살아간다면 사회 전체적으로 유무형의 긍정적 효과가 크다고 저는 생각합니다. 한 사람의 고통, 특히 노인 한 분의 고통은 가족 전체의 힘겨움이 되기 때문이지요. 간병이나 경제적 비용의 문제만이 아니라 노인 간병을 둘러싸고 가족 간 갈등이 빚어지곤 합니다.

04

노인과
도시 공간

　우선적으로 노인들에게 바깥으로 외출할 수 있도록 하고 그
것을 위하여 다양한 교통 정책이나 레저 문화 정책이 시도되어
야 합니다. 한국스포츠학회지에 수록된 이원희의 연구 〈노인
스포츠 공간의 사회문화적 의미와 공간의 생산〉이 말해주듯 아

쉽게도 대도시의 '대부분의 스포츠 공간은 젊은 사람들이 활발하게 사용하는 곳으로 인식되어 있기 때문에 노인들의 접근이 용이'하지 못합니다.

만약 더 많은 레저 공간이 확대된다면 '노인들의 스포츠 공간에 대한 사회적 인식을 넘어서 다양한 세대들이 함께 공유할 수 있는 공간이라는 새로운 인식이 형성'될 수도 있습니다.

좀 더 확대해서 서울을 비롯한 대도시가 실은 젊은 세대 중심으로 구성되어 있는데 부분적으로 보면 노인들이 스스로 모였다 흩어지는 그들만의 공간도 얼마든지 있습니다. 앞서 소개한 김영은은 〈노인집중현상을 통해서 본 제기동의 도시공간특성 연구〉를 통해 동대문구 제기동이라는 공간을 분석하였습니다. 그에 따르면 '제기동 일대에는 물건을 저렴하게 살 수 있는 재래시장과 노인들의 향수를 불러일으키는 옛날 다방들이 즐비해 있어 많은 노인들이 이곳을 찾고 있다. 또한 노인들이 즐길 수 있는 공간들이 생겨나면서 노인 집중 현상이 더 두드러지게 나타난다. 일상 여가 활동을 위해 방문하는 노인들이 많아지면서 불법으로 운영되던 카바레 및 무도장은 사라지고 합법적인 콜라텍으로 변화'하였습니다.

이러한 변화에 대해 〈한겨레21〉 등 많은 언론들도 의미 있게 취재를 하였으니, 좀 더 검색해보시면 알 수 있습니다. 김영

은에 따르면, 한마디로 '제기동의 도시 공간은 노인들의 자율적 참여와 자유로운 의사 소통이 이루어지면서 나타나는 사회적 교류의 공간'입니다. 이 논문에 인용된 노인 두 분의 인터뷰를 아래에 소개합니다.

"여기서 알게 된 친구? 그냥 친구지. 나이 먹어서 그냥 사람들 사귀면서 보내는 거지. 여기서 만나면 서로 이름도 잘 안물어봐. 여기 오는 사람들은 거의 매일 오는 사람들이니까 지나가다 보면 합석해서 같이 찌게 시켜놓고 술 한잔하면서 서로 사는 얘기나 하지. 나는 솔직히 집에 있을 때보다 여기 나오면서 정신적으로 더 건강해지고 행복해졌어. 사실 이런 것이야말로 노인 복지인데…."

　　　　　　　　　– 제기동 일대를 방문하여 사교 활동을 하는 박씨 할머니(74세)

"나는 여기서 알게 된 할아버지랑 청량리 맥도날드에서 만나서 같이 놀러와. 남자친구인데 여기서 만났어. 여기 다 외로워서 오는 거지. 여기 오면 노인들을 위한 서비스도 많고 좋지. 맥도날드 가봐. 거기도 다 노인들이야. 여기 노인들이 그렇게 많아. 일단 여기는 노인들이 할 게 많으니까 모이고 또 그 사람들이 같이 사교 활동 하는 거지. 노년에 건전하게 남자친구 있는 게 얼마나 좋은데."

− 제기동 일대를 방문하여 사회적 교류 활동을 하는 윤씨 할머니(69세)

참 흐뭇한 풍경입니다. 그런데 조금 다른 각도에서 볼 필요도 있습니다. 요즘 보니까 이런 사회 현상 또는 문제에 의하여 하나의 새로운 '노인 건강 산업' 같은 게 활성화되는 느낌입니다.

'새로운 소비층이 다가온다' 같은 문구까지 있습니다. 엄청난 노령 인구, 상당한 소비가 가능한 연금 생활 소비자들의 등장, 이렇게 말입니다. 엄청난 소비 계층이 새로 나타나서 건강과 의료와 힐링 산업에 있어 새로운 붐이 일어나고 있다는 식으로 노인 문제를 접근하는 양상이지요.

이런 산업을 없애야 한다는 게 아닙니다. 이런 산업 진흥 정책으로 노인 문제에 대한 인식을 변화시킨다는 발상이 위험하다는 것입니다. 이른바 '활력 넘치는 시니어'라고 해서 무조건 신체적으로 어떤 활동을 하는 것만을 이상적인 이미지로 활용합니다. 정부에서도 그렇고 업체들에서도 그렇지요. 가만히 산책하고 대화하고 명상하는 이미지는 별로 없습니다. 어쩌면 그것은 '돈'이 되지 않는 이미지일지도 모릅니다.

운동 기계에 올라가 뛰고 어딘가를 여행하고 또 무슨 도구로 신체 활력을 높이고 해야 '건강한 노년'이라는 식인데 이렇게 하려면 다 그런 도구, 즉 상품을 구매해야 합니다. 정부나 지자체에서 구매해서 여러 곳으로 나눠주든, 개인이 구매하든 어쨌든 어떤 도구(상품)을 반드시 장착해서 달려야 '건강'한 것이라는 고정된 이미지 자체가 문제입니다.

주요 국가들이 초노령화 사회를 바라보며 다방면의 연구 개발을 하지만, 우리는 기본적으로 노인에 대한 인식을 병들고 약해서 가만히 있는 사람, 느린 사람, 정체돼 있는 사람으로 고정시킵니다. 끊임없는 삶의 기회와 접촉을 계속 제공해서 움직이는 사람, 한 걸음이라도 집에서 나올 수 있게 하는 이런 것들을 시도해야 하는데 노인들의 새로운 일자리가 아니라 노인들 자체를 새로운 소비 산업 시장으로 변질시키는 것이지요.

탁구를 치든, 당구를 치든, 앉아서 바둑을 두든 어떤 자기만의 문화적 취향, 자기 몸이 허락할 수 있는 운동, 그리고 자신이 좋아하고 자기가 집중할 수 있는 어떤 문화적 삶의 형태를 다양하게 하는 것으로 확산되어야 합니다.

05

유럽 도시
공동체의 기억

이상 말씀드린 바와 같이 역시 가장 중요한 것은 어떤 기술
장치나 인터넷 정보 접근 같은 것도 있지만 어떻게 하면 관계를
끊지 않을 수 있는가, 어떻게 다시 회복하는가 이런 것입니다.
그것도 단순한 관계가 아니라 이웃지간에 왔다 갔다 해야지 이

런 물리적 거리가 아니라 세상과의 관계, 세상의 격렬한 흐름과 소외되지 않았다는 관계, 자식들과 손주들과의 관계, 이런 모든 관계 맺음이 형성돼야 합니다.

이 관계 맺음을 위하여 '효도폰을 사 드렸어요' 정도는 아니라는 거예요. 효도폰을 사 드리는 것은 당연히 해야 하는 거지만 이 관계 맺음에 절대적인 것은 노인 분들이 저마다 살아낸 20세기 삶의 경험과 기억을 존중하고 보호하고 그걸로 새로운 문화를 만들어내는 것입니다.

다른 어떤 정책 수단도 굉장히 중요하지만 노인 분들이 스스로 자존과 위엄을 갖는 것은 '내가 잘못 살아오지 않았다'라는 기억에 대한 보호와 존중을 개인 차원이든, 사회 차원이든, 물리적 차원이든, 실존적 차원이든 풍성하게 해나갈 때 비로소 자존감을 지켜낼 수 있는 거죠.

그래서 이 거대하게 발전하는 도시가 노인 분들 개개인의 삶의 경험을 획일화하지 않고, 평준화하지 않고, 표준화하지 않고 각각의 삶의 기억을 보호하고 존중하고 있느냐, 저는 그게 다가올 시대에 대비하고 준비하는 중요한 척도라고 생각합니다.

이 점에서 우리 도시 문화를 근본적으로 다시 살필 필요가 있습니다. 에드워드 글레이저Edward Glaeser의 《도시의 승리Triumph of the City》에 보면 미국의 경우 국토 넓이의 겨우 3%에 불과한 도시들에 인구 2억 4,300만 명이 군집하고 있고, 도쿄와 그 주변에는 3,600만 명이 살아가고 있습니다. 글레이저에 따르면 2011년 현재 전 세계 인구의 절반 이상이 도시에서 살아가고 있지요.

서울에도 2009년 4/4분기 기준으로 1,046만 4,051명이 살고 있습니다. 인접한 경기도의 인구수 또한 1,000만 명을 상회하는데 이 두 지역을 합하면 2,000만 시대, 즉 '더블 메트로폴리스'로 비대해졌습니다.

그럼에도 이 대도시들의 변화와 발전은 인문적 모색, 즉 인간적 삶의 가능성보다 개발주의 신드롬, 요즘 젠트리피케이션 gentrification 으로 대표되는 힘이 압도하였습니다. 젠트리피케이션은 도심지 하층민의 낙후한 주거지 개량과 생활공간 활성화 프로젝트가 오히려 중상류층이 도심지로 복귀하고 하층민이 도시 바깥으로 추방당하는 방식으로 귀결되는 과정을 말합니다.

18세기 산업혁명기 영국 대도시에서 비롯된 말로 1893년에 개최된 미국 시카고의 만국박람회를 계기로 전면화 된 '도시 미화 운동City Beautiful Movement'으로 확대되어 오늘에 이르고 있습니다. 20세기 산업화 과정에서 도심지가 낙후되고 중상류층은 대도시 외곽의 전원주택 단지나 신도시로 이주를 하지요. 그러다가 21세기에 들면서 도심지 재개발이 시도되어 도시 바깥의 중상류층이 다시 귀환하게 되는데 이때 낙후했던 도심지는 쾌적한 주거 환경과 높은 물가와 고학력으로 채워지게 됩니다. 가난한 사람들이 더 이상 머물 수 없게 되는 것이죠.

특히 21세기 젠트리피케이션의 특징은 이를 주도하는 정치인과 자본의 이해뿐만 아니라 이러한 변화를 통해 새로운 주거 환경과 부동산 이익을 기대하는 사람들 그리고 그러한 삶을 동경하는 한 시대의 욕망이 뒤엉켜 진행된다는 점입니다.

이렇게 되면서 도시의 '대표 기억' 역시 개발이 됩니다. 이런 세계사적 진행에 대하여 제인 제이콥스^{Jane Jacobs}가《미국 대도시의 죽음과 삶^{Death and Life of Great American Cities}》이란 책으로 그 원인과 진단을 내렸는데, 그중 한 대목을 읽어보겠습니다.

> '오래된 도시가 제대로 기능을 하는 곳이라면 어디나 외견상의 무질서 아래에는 거리의 안전과 도시의 자유를 유지하기 위한 불가사의한 질서가 존재한다. 그것은 복잡한 질서이다. 이 질서의 본질은 끊임없는 얽히고설킨 보도(步道) 이용과 그 결과물인 끊임없는 보는 눈의 연속이다. 이 질서는 이동과 변화로 이루어지며, 비록 그것은 예술이 아니라 생활이지만 우리는 그것에 도시의 예술 형식이라는 공상적인 이름을 붙이고 춤에 비유할 수도 있다.'

요즘 이러한 관점에서 세계 곳곳에서 도시 재생이 시도되고 있습니다. 몇몇 서구의 사례를 살펴보겠습니다. 지금 소개해드리는 곳은 스페인의 빌바오^{Bilbao}입니다. 스페인 최고 산업 중심지, 그러나 쇠락하게 되지요. 철강이나 탄광 그런 산업이 쇠락하면서 도시 구조도 항만 시설도 일반 시민의 출입조차 못 되는 그런 아주 힘겨움 속에 있게 됩니다. 그러다가 탈바꿈시켜요. 90년대부터 스페인 중앙 정부와 바스크 주정부가 도시 재생 프로젝트를 추진하면서 중요 포인트가 되는 공간을 하나 만들었는데 그것이 바로 빌바오 미술관입니다.

우리나라의 크고 작은 지자체마다 도시 재생을 하려면 저렇게는 해야 한다고 찾아보는 중요한 장소입니다. 실은 찾아가서 엉뚱한 것만 보는 거죠. 큰 건물 사진만 찍고, 우리도 빌바오처럼 해외 특급의 프랭크 게리^{Frank Gehry}라는 건축가를 초빙하고 화려한 건물을 지으면 도시가 탈바꿈하게 된다는 보고서를 쓰겠지요.

그러나 실제로 중요한 것은 바스크 주정부와 주민들의 주도적이고도 장기적인 노력이며 또 뉴욕에 거점을 두고 있는 구겐하임 미술재단이 왜 분관을 파리나 런던이 아니라 쇠락해 가는 빌바오에 짓기로 한 건가 하는 점입니다. 구겐하임 재단의 뜻도 그렇고 빌바오 도시 정부와 시민들의 뜻도 그렇습니다.

20세기 산업화 과정에서 도심지가 낙후되고

중상류층은 대도시 외곽의 전원주택 단지나

신도시로 이주를 하지요.

그러다가 21세기에 들면서

도심지 재개발이 시도되어

도시 바깥의 중상류층이 다시 귀환하게

되는데 이때 낙후했던 도심지는

쾌적한 주거 환경과 높은 물가와

고학력으로 채워지게 됩니다.

가난한 사람들이

더 이상 머물 수 없게 되는 것이죠.

이 미술관을 중심으로 한 프로젝트가 구현하는 가장 최고의 목적은 주민들이 떠나지 않게 하는 것입니다. 다른 목적은 아예 언급조차 안 하는 거죠. 관광객 유치 같은 것은 목적에도 없습니다. 사후 결과일 뿐이죠. 어떻게 하면 빌바오 사람들이 여기서 계속 살 수 있을까 하는 것, 그게 가장 중요한 목적이에요.

한양대 서현 교수도 칼럼으로 썼지만 빌바오에 도대체 뭘 보고 오는지 모르겠다, 돈 들여서 강변에 엄청난 첨단 미술관을 지었더니 해마다 관광객이 3~40만 명이 오더라, 이렇게 '돈'이 되겠다는 보고서를 공무원이나 시의원 등이 써온다는 거죠. 그렇게 해서 도시가 무엇을 기억하는지 거기서 사는 사람들의 삶을 존중하고 기억하고자 하는 필사적인 20여 년의 노력은 거들떠 보지 않고 새 건물을 지으니까 사람들이 막 몰려온다, 이런 것은 참다운 도시 재생이 아닙니다.

영국의 런던에는 테이트모던 미술관이 있습니다. 이곳은 원래 화력발전소였습니다. 1981년 문을 닫은 채 방치되었다가 2000년 미술관으로 리모델링됩니다. 지금도 건물 중심에 거대한 굴뚝이 자리하고 있지요. 석유 파동의 여파로 문을 닫은 발전소가 현대미술을 상징하는 건물로 거듭난 거예요. 그런데 왜 이들은 굳이 화력발전소 건물의 외형을 그대로 유지했을까요?

당대의 삶을 기억하고자 했기 때문입니다. 이 발전소는 한창이던 시절, 그러니까 2차 대전 이후 영국인들의 삶을 고스란히 담고 있습니다. 그래서 부수는 대신 내부만 바꾸어 건물은 계속 그 자리에 서 있게끔 결정한 거예요.

독일 북서쪽에 위치한 노르트라인베스트팔렌Nordrhein-West falen 주에는 전통적인 산업 도시들이 많이 있습니다. 그중에서도 루르 강을 중심으로 뒤스부르크Duisburg, 도르트문트Dortmund, 에센Essen 같은 도시들이 모여 있는 곳이 있는데요, 전통적으로 철강과 석탄 산업이 발달합니다.

특히 에센에는 졸퍼라인Zollverein이라는 탄광이 있었는데 1986년 폐광되기까지 세계 최대의 석탄 생산 지대였어요. 그러다가 석탄 산업이 사양길로 들어서면서 쇠락합니다. 우리로 치면 강원도 탄광 지역과 비슷하다고 할까요? 이후 변화의 계기가 생기는데 2010년 이곳이 '유럽 문화 수도'로 지정됩니다. 독일 주정부는 이를 계기로 기존 탄광 시설을 개조해 역사와 문화가 있는 공간으로 재탄생시킵니다. 세계적인 건축가들이 참여해 박물관, 극장, 디자인 센터, 공원 등을 만들지요.

대표적인 건물로 '레드닷디자인 박물관'이 있습니다. 영국 출신의 건축가 노먼 포스터Norman Foster가 설계했는데 광산 시설로 쓰였을 당시 외관을 그대로 유지하고 있어요. 건축 설계 분야의 최고 전문가로 꼽히는 그는 왜 기존 건물을 부수지 않고 그대로 이용했을까요? 그 건물은 탄광 지역의 삶과 역사를 그대로 담고 있기 때문이에요.

이 탄전 지대에서 '루르트리엔날레Ruhrtriennale'라고 하는 예술제가 열립니다. 여기에 참여하는 예술가들은 실험적이고 전위적입니다. 기존 극장에서 볼 수 없는 성격의 전시와 공연이 많아요. 예컨대 우리로 치면 국립극장이나 대학로에 올리기에 조금 파격적이다 싶은 작품들을 이곳으로 가져오는 거예요. 그만큼 기상천외한 공간들이 많이 있기 때문입니다. 이렇게 에센의 탄광 지역은 과거 산업화의 영광과 노동의 기억을 고스란히 간직한 채 문화와 예술의 도시로 거듭나게 됩니다.

제가 말씀드린 내용을 요약하자면 바로 '삶'과 '기억'이에요. 우리가 사는 이 도시에서 과거의 삶을 만날 수 있어야 합니다. 그래야 현실을 긍정하고 앞으로의 삶을 바꿔나갈 동력을 얻을 수 있어요. 과거를 지우고 화려하게 꾸민다고 해서 삶이 달라지지 않아요. 우리는 삶을 기억해야 합니다.

잠깐 유럽의 어느 터널 이야기를 하겠습니다. 알프스 지역은 아름다운 풍경을 즐기고자 해마다 많은 관광객들이 찾습니다. 그런데 2016년 여름에 터널이 하나 생겼어요. 스위스 남부와 이탈리아를 잇는 바로 고트하르트 베이스 터널^{Gotthard Base Tunnel}입니다. 그 길이가 약 57km로 세계 최장입니다.

알프스 산맥은 원래부터 험준하기로 유명하지요. 유럽의 강자들이 제국을 확장하려고 할 때 가장 큰 지리적 장애물이기도 했습니다. 기원전 포에니 전쟁 때는 로마를 공격하기 위해 한니발이 코끼리를 타고 알프스 산맥을 넘었습니다. 그 후 18세기 말 이탈리아, 오스트리아를 제압하려던 나폴레옹도 알프스 산맥을 넘었지요.

터널이 생긴 곳도 바로 그런 장소였어요. 지형이 험해서 공사 기간도 17년 정도 걸렸습니다. 주변 국가였던 독일, 네덜란드, 스위스, 이탈리아, 프랑스 등 여섯 개 나라가 컨소시엄으로 공사에 참여했고요. 개통식도 아주 성대하게 치러졌습니다. 문화 공연도 있었는데 인상적이었던 게 당시 이 공사에 참여했던 노동자들을 주인공으로 했다는 점이에요.

제가 왜 이 말씀을 드리느냐 하면 그쪽 사람들은 세계 최장 터널을 자연에 맞선 인간의 위대함, 혹은 노동자들의 헌신으로 이해하고 있었다는 거예요. 누가 이 거대한 역사를 이루었는가? 누구의 몸으로 이런 일을 해냈는가, 그들을 존중한다, 이런 메시지를 보여줍니다. 우리와는 많이 다르지요?

유럽의 정치는 서로 이념은 다를지 몰라도 기본적으로 노동을 존중합니다. 노동하는 사람들의 힘으로 나라가 돌아간다는 것에 대해서 싫든 좋든 인정하고 그 토대 위에서 각종 정책을 만들어나가요. 예컨대 극단적인 민족주의자이자 보수주의자였던 독일의 비스마르크^{Bismarck} 같은 정치인은 노동자들을 위해 의료보험, 연금 같은 사회보험 제도를 도입합니다. 영국에 최초로 공공의료를 도입한 것도 보수당이었지요.

이를 두고 민중을 통제하려는 의도가 깔렸다, 복지는 자본주의 제도 유지를 위한 방편일 뿐이다, 라고 보는 건 편협한 생각입니다. 유럽의 보수주의를 너무 폄하하는 거예요. 비스마르크나 영국 보수주의자들은 어쨌든 일을 시키더라도 아픈 사람은 돌보자, 노후는 보장해주자는 생각을 가지고 있었던 겁니다.

고트하르트 베이스 터널의 개통식 장면도 이를 잘 보여줍니다. 우리는 TV를 통해 사회 저명인사들이 참여해 준공 테이프를 끊는 장면을 자주 봅니다. 거기에는 정작 일하는 노동자, 즉 주체가 빠져 있어요. 이건 단지 연출력의 차이가 아닙니다. 노동에 대한 인식, 상상력이 부족한 거예요. 크고 멋진 것을 국가, 권력과 연결 짓는 데 익숙하지만 거기에 숨은 '노동'을 보지 못한 것입니다.

06

노인의 삶
공동체의 기억

이제 우리의 도시, 그 기억의 역사를 살펴볼까요? 오늘은 안양이라는 경기도의 오래된 도시에서 하는 강연이니 서울보다는 수도권 중심으로, 그러니까 인천 같은 도시를 중심으로 말씀드려 보겠습니다.

우리의 도시는 크게 세 단계를 거쳐 오늘에 이르렀습니다. 그 첫머리가 개항입니다. 개항은 한양뿐만 아니라 경향 각지의 군소도시를 급속히 재편시켰지요. 특히 인천에서 시작하여 장항, 군산을 거쳐 목포에 이르는 거대한 곡창지대에 면한 해안 마을은 개항 및 일제의 미곡 정책에 의하여 기존의 어촌 풍경에서 순식간에 근대적인 항구로 일변하였습니다. 인천의 항만 시설이나 배다리마을이나 주안공단 일대가 그 결과들입니다.

다음으로는 60년대 중반 이후 전개된 산업화가 있습니다. 이 산업화시기에 서울과 부산을 양대 축으로 하는 거대 도시가 형성되고 인근에 수출 산업 도시가 형성되면서 오늘날 도시 구조의 뼈대가 만들어집니다.

대표적인 곳이 서울과 인천 사이, 즉 부평입니다. 부평은 일제시대의 군사기지창과 그 이후 산업화에 의하여 지금은 대표적인 공단 도시로 꼽히지요. 산업화로 인하여 경향 각지에서 엄청난 인구가 유입되었습니다. 일제시대에는 일제 조병창으로 인하여 기술자, 일용직 인부, 단순 노무자 등이 이주해왔고 해방 후에는 일본이나 중국에서 귀환하는 사람들이 정착했으며 한국전쟁 후에는 평안도나 황해도 같은 서북 지역 피난민들과 부평 일대에 조성된 피난민 정착촌, 상이군인 집단농장, 한센병 환자수용소, 부평형무소, 부랑자 보호시설 등으로 인하여 인구

구성의 혼종성이 급증하였다가 산업화에 의하여 기술자와 노동자들이 대거 유입하여 오늘의 부평에 이르게 됩니다.

이러한 단계를 거쳐 21세기에는 이른바 젠트리피케이션의 도시 재개발 신드롬이 불어 닥쳤습니다. 산업화 시대에 형성된 낙후한 도심지를 말끔히 정비하고 그 자리에 첨단의 고층 건물을 올리는 도시 재개발은 시카고, 뉴욕, 시드니, 프라하, 베이징, 교토 등 곳곳에서 전개되고 있습니다. 도심의 빈민가와 낙후 지역을 재개발을 통해 철거하고 그 공간을 중상류층 주거지나 상업지구로 탈바꿈시키는 이 젠트리피케이션 현상은 수도권 일대에서 뚜렷하게 나타납니다.

지리학자 닐 스미스[Neil Smith]는 중앙이나 지방 정부가 이를 관철시키기 위해 국제적 기업이나 자본에 막대한 특혜를 부여하면서 스스로의 존립과 권위를 꾀한다거나 극심한 도시 양극화가 나타난다거나 이에 반대하거나 저항하면 철저한 불관용 정책을 밀어붙인다고 분석했는데 이런 경향 역시 서울 및 수도권에서 많이 나타나지요.

그리하여 '장소'들이 사라지게 됩니다. 이 새로운 도시에서 인간은 장소와 인간이 맺었던 오랜 관계를 해체합니다. 사람들 저마다의 경험이나 정서적 관계가 상실되지요. 아파트 단지로 급변하는 인천의 옛 공단지대들이 그 생생한 사례입니다. 인간적인 장소성이 상실되고 그 자리에 대대적으로 공간을 해체하는 경제 권력이나 획일화된 삶의 패턴을 강요하는 문화 권력이 요구하는 삶들이 들어섭니다.

그리하여 특정한 지역의 역사성은 상실되고 주거 환경은 해체되며 인간적 교류와 교감이 있었던 장소성도 사라지지요. 그리하여 끝내 무엇이 사라지는가? 각 지역의 특성에 따라 자연스럽게 형성되었던 공간 공동체들이 모조리 사라집니다. 작은 공간들, 작은 마을들, 작은 관계들이 해체되거나 사라집니다.

그렇게 많은 기억들이 사라진 자리에 오로지 높은 건물, 발전했다는 그래프들, 화려한 네온사인만이 번쩍거립니다. 이는 비단 도시 경관의 문제가 아니라 그 도시에서 20세기를 살아낸 수많은 사람들, 오늘날 노인 인구들, 그분들의 개인사가 사라진다는 것을 뜻합니다. 오로지 '산업역군'만 남게 되지요.

07

개인의 기억과
기억의 장소

　'장소'라는 말을 생각해봅시다. 비슷한 말로 '공간'이 있지요. 공간은 우리가 존재하는 세계입니다. 도시공학, 건축공학, 도시사회학에서는 공간이라는 일정한 물리적 크기를 가지고 있는 3차원의 세계를 말해요. 장소란 그중에서도 특정한 어떤 곳을 말합니다. 공간이 객관적, 가치중립적이라면, 장소는 지극히 주관적입니다. 그곳에는 개인이나 집단의 기억과 관계가 있어요.

예컨대 어떤 건물을 '7층짜리 공간'이라고 표현하면 우리 머릿속에 그만한 크기의 건축물로 그려집니다. 그런데 거기가 군사독재 시절 고문장소로 악명 높았던 남영동 대공분실이라면 그곳은 특정한 장소가 됩니다. 역사적 기억이 있기 때문입니다. 어떤 공간이 장소가 되려면 물리적 풍경과 경관과 더불어 '경험'이 있어야 합니다.

예를 들어 작은 시골 마을에 고향집이 있다고 가정해보겠습니다. 오랜만에 갔더니 모든 게 그대로예요. 어릴 적 뛰어놀던 곳, 할아버지 손을 잡고 걷던 길이 눈에 보입니다. 지난 시절의 일들이 생생하게 떠오르겠지요. 이때 우리는 '장소성'이 살아 있다고 합니다. 실제로 농촌 공동체가 유지되던 과거에는 이런 장소성이 꽤 많이 유지되었습니다. 그러다 근대화가 시작되면서 모두 사라졌지요. 도시화는 우리에게 장소 상실과 관계가 있습니다.

댐 건설로 마을이 수몰되어 흔적도 없이 사라졌다거나 개발로 논과 밭이 콘크리트로 덮여버렸다는 이야기는 많이 들으셨을 거예요. 최근까지 몰아쳤던 재개발 열풍은 이런 현상을 더욱 가속화했지요. 경관이 사라지면 기억도 흐려집니다. 나의 경험

과 관계도 잊히지요. 도시는 우리를 과거와 관계로부터 단절시
킵니다.

최근에는 이런 상실을 안타까워하며 도시 개발의 패러다임
을 바꾸자는 목소리가 커지고 있습니다. 부수고 새로 짓는 대신
보존과 복원을 강조하는 거예요. 실제로 이런 노력들이 결실을
맺고 있습니다. 대표적인 장소가 바로 선유도공원이에요. 이곳
은 과거 정수 처리장이었습니다. 그런데 정수장 이전이 결정되
고 기존 공간을 어떻게 활용할 것인가를 두고 토론을 벌어졌지
요. 이곳을 시민의 품으로 돌려보내기로 하고 공원으로 만들었
습니다. 그런데 선유도공원은 이전과 다른 방식으로 조성되었
어요.

여러분은 공원이라 하면 어떤 이미지가 떠오르나요? 잔디밭
이나 체육 시설, 유명인의 동상 등이 생각나지요? 어린이대공
원이 그렇고 여의도공원이 그렇습니다. 그런데 우리나라에 공
원이 생긴 지는 얼마 안 돼요. 주변에서 공원을 만나게 된 건
1980년대 말 아파트 시대가 열리면서부터입니다. 그전에는 동
네에 공원이 없었어요. 그냥 공터에서 뛰어놀고 그랬죠.

그러다 우리도 이제 살 만해졌는데 공원 하나 없어서 되겠느
냐 하는 생각을 하게 됩니다. 아파트마다 공원이 생겨요. 나무
를 심고 놀이 시설을 만듭니다. 그래서 우리 기억 속에 공원 하

면 잘 꾸며진 공간이에요.

그런데 선유도공원은 다릅니다. 우리의 삶과 과거가 고스란히 녹아 있습니다. 가보신 분들은 알겠지만 선유도공원은 기존 시설을 그대로 두고 그 위에 꽃을 심고 길을 냈습니다. 계단식 수로에 안전장치를 해서 사람들이 다닐 수 있게 했고요. 곳곳에 벤치를 두어 쉴 수 있게 했습니다. 중앙에 사무실로 쓰인 건물이 있었는데 철거는 하되, 기둥들은 남겨놨어요.

왜 그랬을까요? 과거의 흔적을 통해 우리가 어떤 삶을 살아왔는지 알 수 있게 하려는 거예요. 공원을 휴식 공간을 넘어선 우리의 삶을 담은 장소로 만들고자 한 겁니다. 거대한 도시 속에서 살아온 우리의 삶을 담고자 한 거예요. 그때를 살아가던 사람들의 흔적이랄까, 도시를 유지해온 사람들의 노력이랄까 하는 것들이 그 안에 담겨 있습니다. 아마도 누군가는 그곳에서 휴식을 취했을 거고 누군가는 하루 2교대로 일하면서 밤을 새우고 퇴근하던 사람들의 모습을 지켜봤을 거예요. 이렇듯 시간이 축적된 기둥을 남겨 놓은 것이 미학적으로도 역사적으로도 의미가 있습니다.

선유도공원을 설계한 이들은 이걸 싹 다 없애고 새로 예쁘게 건물을 짓는 것보다 그게 훨씬 중요하다고 생각했을 겁니다. 그렇게 함으로써 동시대 삶을 기념하는 하나의 상징물이 되길 바랐을 거예요. 도시 속에서 급격한 변화에 사라져가는 장소성을 지킨다는 것은 바로 이런 의미입니다. 우리의 삶, 서로의 기억과 역사를 존중하며 살자는 거예요. 선유도공원에 이런 생각이 고스란히 담겨 있습니다. 안 가보신 분들은 꼭 한 번 방문해보시기 바랍니다.

그러나 안타깝게도 대개 우리가 사는 공간에서는 시간과 경험, 기억과의 결합이 해체되고 있습니다. 요즘은 어느 동네나 풍경이 비슷합니다. 똑같이 생긴 아파트, 똑같은 도로, 상가, 쇼핑몰이 있습니다. 한 사람이 지었나 싶을 정도로 거기서 거기예요. '우리 동네'라고 할 만한 특징이 없습니다. 겉치장만 요란하게 합니다. 상품화된 가짜 장소가 넘쳐납니다. 누구 한 사람 때문이 아니에요. 현대 도시의 물질적 속성 자체가 그렇습니다.

도시를 볼거리로 만드는 과정에서 장소 상실이 나타나고 정치권력 혹은 중산층의 욕망이 그 안에 투영된다고 말씀드렸습니다. 그렇다면 그 끝은 어디일까요? 도시 자체가 하나의 거대한 드라마 세트장처럼 변하게 됩니다.

지금도 지역에 가면 무슨 드라마 촬영지라고 소개된 곳이 많이 있지요. 사람들이 세트장을 구경하고 그 앞에서 사진을 찍습니다. 주변에는 음식점이 들어서고 기념품을 파는 가게도 생겨요. 지방 자치 단체에서는 이를 적극 지원합니다.

예컨대 우리가 어느 지역에 가면 그곳에 역사적인 장소들이 많잖아요? 산이나 계곡도 있고 사찰도 있을 겁니다. 과거에는 그런 장소들이 그 지역을 대표하는 관광지였어요. 지금은 그보다 드라마, 영화 촬영지가 더 인기가 높습니다. 당연히 그 지역민의 삶이랄까 현실은 화려한 세트에 가려지고 말지요.

요즘은 시골 마을에 마을 벽화 그리기 사업을 합니다. 오래되고 낡은 지역의 담벼락에 이런저런 그림으로 장식해서 분위기를 새롭게 하지요. 사는 사람도 좋고 보는 사람도 좋습니다. 그런데 간혹 그 맥락을 무시한 채 외부 치장용으로만 생각하는 경우가 있어요.

2007년 전북 진안 백운면의 한 마을이 전주대와 함께 '멋진 마을 멋진 간판 만들기 사업'을 완료했다는 기사를 본 적이 있습니다. 오래된 가게들 간판을 젊은 대학생들이 멋지게 바꿔준 거예요. 기사에 실린 사진을 보니 단지 간판만 바꿨을 뿐인데 마을 전체가 새롭게 태어난 느낌이었습니다.

이후 서울을 비롯한 수많은 도시에서 비슷한 작업들을 합니다. 낡은 간판은 물론 허물어진 담벼락에 그림을 그리고 색칠을 해요. 부산 감천마을도 그렇고 통영 동피랑마을도 그렇게 해서 지역 활성화에 성공한 사례로 꼽힙니다. 주민들의 참여가 중요한 요인이었다고 합니다. 운영 방식이 민주적이어서 예컨대, 벽화를 그릴 때 주민이 싫어하는 그림을 그리지 않는다는 원칙이 있었어요.

그런데 비슷한 사업을 실시하는 지역에서 가끔 문제가 생길 때가 있습니다. 관공서에서 일방적으로 시행하기 때문이에요. 거기 사는 사람들은 생각하지 않고 관광객들 보기 좋게 꾸미는 데만 신경을 쓰다 보니 다툼이 생깁니다. 또 일시적인 사업 추진으로 그 후에 유지 보수하는 데 어려움이 생기기도 해요.

앞서 말씀드린 통영 동피랑이나 부산 감천마을은 예술가들이 상주를 합니다. 지자체에서 생활비를 일정 부문 지원하고 예술가들은 그곳에 살면서 틈틈이 벽화를 유지·보수하면서 관리하는 거예요.

제가 벽화나 간판 그리기 사업을 예로 든 이유는 이것이 잘 되려면 지역민들과 함께 소통하면서 진행하는 '지역 살리기'여야 하기 때문입니다. 그래야 성공하고 지역민들도 만족합니다. 드라마 세트장 만들듯이 외관만 치장하다 보면 문제가 생겨요. 구경꾼의 시각이 아닌 거기서 살아가는 사람의 눈으로 보아야 합니다.

인천에 가면 동화마을이 있습니다. 오래 전부터 이 동네는 낙후하고 가난한 곳으로 지역 주민들은 늘 치안에 대해 불안해했

습니다. 아이들이 갈 곳이 없어서 공부방을 만들어달라는 민원
도 계속됐지요.

그런데 담당 자치 단체에서 이곳을 관광지로 만들어요. 예산
을 투입해서 온 동네를 알록달록하게 치장합니다. 다양한 볼거
리를 설치하고 집 담이나 건물 외관에 동화 속 캐릭터를 그려
넣었어요. 마을 입구에는 커다란 아치가 들어섰습니다. 길을 거
닐다보면 마치 디즈니랜드에 온 것 같습니다.

처음엔 마을 주민들도 좋아했습니다. 우리 지역도 발전하겠
구나 하고 생각했지요. 그런데 시간이 지날수록 지역 경제에 별
도움이 안 된다는 걸 알게 됩니다. 사는 모습이 그대로 관광객
들에게 노출되는 데도 돌아오는 게 없어요. 사람들이 모여드니
까 돈 있는 사람들이 그곳에 와서 가게를 차립니다. 장사가 잘
돼도 주민들에게 그 혜택이 돌아가지 않아요. 앞서 통영 동피랑
이나 부산 감천마을과는 달랐던 겁니다. 그곳에서는 주민 조합
을 만들어서 수입을 함께 나누어 가지거든요.

08

슬픔을 제대로
기억하는 사회

대도시에서는 종종 재난이 발생합니다. 재난은 개인이 마음 먹는다고 멈추거나 회피될 수 있는 일이 아니며 어느 정도 규모의 사람들이 애틋하게 약속한다고 해서 중단되는 사건이 아닙니다. 그 흔한 말대로 맹렬하게 달려온 '저돌적인 발전국가'의

바탕 위에서 발생하는 인재人災인 까닭에 우리는 한걸음 내딛으면서도 실은 주저하고 있는 것입니다. 한없이 두리번거리며 속수무책 두려움으로 일상을 견디는 상황, 바로 지금 이 순간, 우리 도시의 운명이며 우리 삶의 행로이지요.

한번 생각해 봅시다. 대도시 사람들이 백화점에서 일을 하거나 그 안에 들어가 일상의 작은 행복을 위하여 소박하고도 즐거운 마음으로 산책한다는 것은 두말 할 것도 없이 도시 삶의 지극히 당연한 행복의 나날입니다.

그런데 다리가 끊어지고(1994년, 성수대교 참사), 백화점이 무너지고(1995년, 삼풍백화점 참사), 아이들이 해변에서 휩쓸려가고(1999년, 씨월드 참사), 화마가 지하철을 덮치고(2003년, 대구지하철 참사), 이제 막 대학생이 되어 즐거운 마음으로 한 자리에 모여 있다가 거대한 무게에 눌리고(2014년, 경주리조트 참사), 급기야 해맑은 표정으로 환하게 웃으며 수학여행을 떠난 아이들이 저 남도의 차디찬 바다 속으로 사라져 가는 파국(2014년, 세월호 참사)의 연속 앞에서 우리는 차라리 허망하여 아무런 말도 할 수 없는 지경에 이르고 말았습니다.

수없이 반복된 재난의 연속 화면들, 흡사 소재만 바뀐 채 숱하게 되풀이되는 고통의 변주들이 너무도 강렬하고 참담하여 원인 파악과 대책 마련이라는 식의 표현조차 하나의 행정적 알

리바이로 전락해버렸습니다.

그러니 우리는 필사적으로 기억하지 않으면 안 됩니다. 사실 도시는 특히 우리의 일상이 이뤄지는 한국의 도시들은 망각을 근본 원리로 하고 있습니다. 재난에 의하여 먼저 간 사람들과 그들의 가족들, 친구들, 이웃들의 상흔은 속절없이 흐르는 '시간'에 의하여 자연 치유되도록 방치되고 있습니다.

누군가가 기억하고자 하면 왜 기억하는가, 무슨 의도로 기억하려고 하는가, 라고 윽박지르곤 하지요. 또한 우연적인 사고로 축소하여 도시 일상의 바깥으로, 보이지 않는 곳으로 밀어냅니다. 대책은 고사하고 원인조차 밝혀지지 않거나 고의적으로 밝히지 않으려는 힘들도 작동합니다.

90년대 한국 사회의 잔인한 재난으로 기록되는 곳, 그 기억의 장소를 찾아가 보면 우리가 이 대도시의 재난을 어떻게 협소한 기억의 장치로 아예 망각해버리는지를 알 수 있습니다.

먼저 성수대교참사희생자위령탑. 이 위치를 어떻게 설명할 수 있을까요. 단순히 말하면 성수대교 북단입니다. 1994년 10월 21일 성수대교 참사로 인해 먼저 세상을 떠난 희생자들을 추모하기 위한 위령탑이 성수대교 북단에 위치해 있습니다.

그러나 이렇게 해서는 찾아갈 수가 없습니다. 한강을 가로지르는 성수대교를 북쪽으로 막연히 달려갔다가는 그 위령의 장소를 지나치기 쉽고, 수많은 차량이 동과 서로 질주하는 강변북로와 성수대교가 스치는 곳, 거기에서 순식간에 고산자로와 동부간선도로로 분기되는 곳, 다시 그 사이에서 서울숲을 스치면서 용비교로 넘어가는 도로들 그 어느 틈에 위령의 장소가 있습니다. 그곳을 아는 사람들조차 조심해서 진입하지 않으면 복잡하고 어수선한 도로들을 처음부터 다시 헤치고 진입해야 할 정도입니다.

이 장소가 추모의 장소로 정해진 데는 여러 이유가 있었을 것입니다. 추측컨대 비록 접근하기 어렵다 해도 그날의 비극으로 인하여 영영 유예된 시간을 살게 된 유족들의 뜻이 있었을 것이며, 다른 장소가 이 비극의 공간이 될 수 있느냐 하는 검토도 있었을 것으로 보입니다.

기본적으로 장소와 기억은 일치해야 합니다. 그래서 '기억의 장소'라는 말이 있지요. 개인이든 집합이든 추상 세계의 기억은 물리적인 공간, 즉 장소를 바탕으로 형성됩니다. 첫사랑의 기억? 다들 어렴풋하지요? 그런데 함께 걷던 길이나 어두컴컴한 영화관 같은 장소를 떠올리면 기억이 동반하여 떠오릅니다. 집합 기억 역시 마찬가지입니다. 특정한 장소가 모두의 집합 기억을 떠올리게 합니다.

장소가 사라지면 기억도 사라지고, 장소가 달라지면 기억도 기본적으로 장소와 기억은 일치해야 합니다.

그래서 '기억의 장소'라는 말이 있지요.

개인이든 집합이든 추상 세계의 기억은

물리적인 공간, 즉 장소를 바탕으로 형성됩니다.

첫사랑의 기억? 다들 어렴풋하지요?

그런데 함께 걷던 길이나 어두컴컴한 영화관 같은

장소를 떠올리면 기억이 동반하여 떠오릅니다.

집합 기억 역시 마찬가지입니다.

특정한 장소가 모두의 집합 기억을 떠올리게 합니다.

변이됩니다. 그런 이유로 일반 사람들이 찾아와서 추모하기에는 너무도 어려운 곳이지만, 유가족들과 관계자들은 이 성수대교 북단의 복잡한 램프들 사이에 희생자들을 추모하는 위령탑을 세우고자 했을 것입니다. 일반 시민들이 일상적으로 찾아와서 추모하기에는 어렵다 할지라도 유가족 입장에서는 성수대교가 아닌 다른 장소가 위령의 장소가 될 수는 없었을 것입니다.

당시 서울시 공무원으로 성수대교 참사 및 그 이후의 복구 과정을 맡았던 조성린 씨는 자신의 블로그에 '성수대교 복구공사를 하기 위해 잔해가 있는 부분에 가서 하얀 꽃을 뿌릴 때는 나도 눈물이 핑 돌았다'라고 썼습니다. 문제는 위령탑 준공식을 하는데 고귀한 생명이 한국형 발전주의와 관료주의로 다리가 붕괴된, 그런 참사의 복구와 준공식인데 여전히 관료적 행사가 압도했다는 것입니다.

그에 따르면 '준공식 전날 밤에도 행사장에 의자를 놓아야 하느냐 마느냐를 놓고 의견이 엇갈려 밤중에 의자를 놓았다 거두었다 하다가 다시 의자를 놓고 집엘 가니 한밤중이고. 세계적으로 관심이 있는 곳이니 귀빈들이 대거 참석하였는데 앉는 자리를 놓고 서로 시비를 하고. 테이프 절단을 하는 데도 서로 참여하겠다고 난리를 떨어 혼났다'고 합니다. 재난 앞에서 의전부터 신경 써야 한다는 이 사회의 어이없는 양상은 본질적으로 변한 게 없지요.

다행히 이 장소는 참사 21주기가 되는 2015년 10월부터 조금 달라졌습니다. 해당 지자체인 성동구가 유가족과 함께 합동위령제를 열었습니다. 참사 21년 만에 공공기관에서 위령제에 힘을 보탠 것입니다. '세상이 다 잊어도… 엄마는 잊지 않으마'라는 현수막은 꽤 오랫동안 질주하는 자동차들 사이의 고립된 장소에 걸려 있었습니다.

이제 양재동 시민의숲으로 가볼까요? 다름 아닌, 삼풍백화점 참사위령탑이 있는 곳입니다. 남북으로 길게 조성된 이 시민의숲 중간에는 작은 도로가 하나 나 있어서 두 구역으로 분리됩니다. 좀 더 규모가 큰 북쪽으로 육중한 규모의 매헌윤봉길의사기념관이 있습니다. 남쪽으로 작은 도로를 건너면 북쪽 구역보다 규모가 작은데 세 개의 위령탑이 서 있습니다.

가장 먼저 유격백마부대충혼탑이 있지요. 한국전쟁 당시 평북 정주군과 박천군 일대에서 치안 활동을 벌이던 청년들과 오산학교 학생들 2,600여 명으로 이뤄진, 군번도 계급도 없이 무려 552명이 전사한 비정규군입니다. 그 뒤로 1988년 김현희에 의하여 피폭된 대한항공 858기 희생자 위령탑이 서 있죠. 1990년 4월 조성된 곳으로 기단 지하에 희생자의 유물 69점이 안장되고 탑 뒷면에 희생자 115명의 이름이 새겨져 있습니다.

그 기억의 장소들을 지나가면 삼풍백화점참사위령탑이 보입니다. 1995년 6월 29일의 비극으로 무려 502명이 사망했으며, 6명이 실종되고 937명이 부상당한 재난입니다. 원래 유가족 측은 서초동 참사 부지에 위령탑을 세워줄 것을 요구했습니다. 그러나 사고 1년여 만에 미원건설에 매각되어 사유지가 됨으로써 서울시와 서초구는 다른 장소를 물색하여 현재의 장소에 조성하였습니다. 재난의 장소가 달라지면서 재난을 기억하는 방식도 달라진 것입니다.

이곳에 조성된 각각의 충혼탑과 위령탑이 그 자체로 소중하고 애틋한 것이라 건조하게 말하기는 매우 어렵지만 왜 이 기념관과 충혼탑과 위령탑이 저마다의 장소들을 떠나서 이 시민의 숲 안에 배치되어 있는가는 생각해볼 문제입니다.

익히 검토된 바대로 우리가 겪은 수많은 재난의 원인은 인재였으며 그 현장 수습이나 대책 또한 미완의 인재였습니다. 여기 확고한 증언이 있습니다. 2016년 4월 6일 서울시소방재난본부가 국민안전처 중앙소방학교에 제출한 〈대형붕괴사고 효과적 대응방안에 관한 연구〉 보고서에 따르면, 1995년 삼풍백화점 붕괴 사고 구조 현장에 참여했던 현직 소방관 40명 중 55%(22명)가 삼풍백화점 붕괴와 같은 대형 사고가 다시 일어날 가능성이

있다고 답했습니다. 나머지 45%(18명) 역시 대형 붕괴 사고 발생
가능성이 높다고 우려했습니다. 이러한 비극이 다시 발생하지 않
거나 그런 가능성이 적다고 응답한 소방관은 단 한 명도 없었죠.

이 설문조사에 응답한 소방관들의 경력은 최소 '20년 이상,
25년 미만'(9명)에서 최대 '30년 이상'(3명) 이상으로, 대부분
2~30년가량 재난 현장에 있었습니다. 그들은 이렇게 대답했습
니다. '일원화되지 못한 현장 지휘 체계(37.5%)', '재난 현장의
극심한 무질서(22.5%)', '유관기관 간 협조 체계 미흡(13.7%)' 등
이 재난 상황을 더욱 심각한 혼돈으로 몰고 갔다고 말입니다.
일부에서 말하는 천재지변이 원인이라고 대답한 소방관은 역
시 단 한 명도 없었습니다.

이렇게 발생한 참사를 기억하고 위령하는 그 조형 감각이 전
형적인 국가주의 양상이라는 점에서 우리 사회의 기억 방식은
깊이 생각해볼 과제입니다. 양재동 시민의숲에 조성된 세 가지
비극, 세 가지의 위령 조형물이 단순히 외형상 국가주의 양상이
라는 측면만이 아니라 각각의 사건과 참사와 재난의 성격 및 그
추모의 마음을 제대로 구현하지 못하고 있습니다.

장소를 떠난 기억이 전형적인 국가주의적 양식 아래 배치되
고 구성되면서 각각의 역사적 사실과 진실, 그 의미와 책임보
다 '추모' 그 자체의 고정된 형식으로 압축되어 버렸습니다. 물

론 이 위령의 장소와 그 조형물만으로도 유가족과 관계자들로서는 저마다의 마음 속 슬픔과 애통함을 서로 위로할 수 있겠지만, 말 그대로 '시민의숲'을 산책하는 시민들이나 자동차로 지나가는 사람들에게 이 형식적 조형물들은 각각의 사건과 재난과 참사의 진짜 이야기를 다 들려주지는 못하고 있습니다.

09

노인 세대
기억의 중요성

이렇게 우리 대도시의 여러 풍경들, 특히 기억의 풍경들을 말
씀드린 것은 오늘 주제가 '노인과 도시'이기도 하지만 단순히
노인의 건강과 복지가 중요하다, 이렇게 말해서는 곤란하기 때
문입니다. 노인에 대한 인식, 노인들이 살아온 역사, 그들이 겪

어낸 많은 일들이 국가주의적으로 화석화되어 기억되기 때문에 젊은 세대와 단절이 되고, 노인들 스스로 정서적으로 고립되고 있기 때문입니다.

한마디로 존중받지 못하고 있는 셈인데 이 또한 단순히 연장자를 공경하자는 도식적인 결론이 아니라 그들이 걸어온 삶을 복합적으로 다양하게 해석해야만 한다는 것을 저는 강조하고 싶습니다.

다시 우리 현실을 보겠습니다. 앞서 빌바오나 루르 같은 유럽의 탄광 도시, 공업 도시에 대해 이야기를 했습니다만 우리도 어렵고 힘겨운 삶을 살아내고 거기에 대한 물리적 공간들이 여전히 곳곳에 남아 있죠. 그중 대표적인 곳이 정선, 사북, 고한, 철암 일대의 탄광촌입니다.

그런데 '어려웠던 그 시절' 정도로 기억되고 있을 뿐입니다. 국가와 지방 정부에서는 카지노와 위락 시설을 집어넣어서 '관광객 유치'를 첫 번째 목표로 삼았습니다만, 그 카지노 시설들 때문에 재정 수입은 늘었을지 몰라도 마을은 파탄이 났습니다. 전당포와 유흥가만 늘어서 있는 마을이 되어버린 것입니다.

만약 소설가 조세희 선생님 같은 분이나 아니면 화가 황재형 같은 분들이, 그냥 예술적 소재를 찾아다니는 독특한 스타일리

스트가 아니라 소설과 사진과 그림으로 국가가 기억하지 않는
이 지역의 삶들을 기록하지 않았더라면 그냥 그곳은 살 만한 곳
이 못 되는 곳, 그저 가난한 사람들이 그냥 그렇게 살았던 곳 정
도가 되었을 겁니다.

그러나 조세희, 황재형뿐만 아니라 여러 사람들의 노력에 의
해 이곳에 사는 사람들이 지저분하고 게으르고 낡고 더러운 사
람들이 아니라 삶의 작업 환경과 마을 환경이 그래서 그랬을 뿐
어떻게 해서든 살아내기 위해 헌신의 힘을 다하고 서로 소박한
꿈과 삶의 미래를 가꾸고자 했던 소중한 터전으로 만들었다는
것을 우리는 기억하게 됩니다.

그러니까 이제 인식 자체를 바꿔야 한다는 것입니다. 노인에
대한 재인식, 너무나 긴 고령화 사회 속에서 어쨌든 활력 넘치
는 삶을 살아야 한다는 인식 아래, 노인에 대한 이미지가 정형
화되고 있지요. 노인은 친절해야 해고 옷 잘 입어야 하고 운동
도 잘해야 하고 동네 주민센터에 가서 각종 강좌도 열심히 들어
야 하는 것처럼 어떤 '행동 규범' 식으로 새로운 삶이 제시되는
것은 표면적일 뿐입니다. 아주 야박하게 평가하자면 조금이라
도 여유 있는 노년 세대를 겨냥한 새로운 소비 시장으로 여기는
게 아닐까 싶습니다.

왕성한 소비, 트렌디한 옷차림, 콜라텍 같은 곳을 자주 다니

는 것만이 노인의 새로운 이미지는 아닙니다. 나름대로 살아왔던 삶의 모든 진폭과 굴절 속에 녹아 있던 눈물과 회환, 후회 없는 사람이 어디 있겠습니까? 평생 살아오면서 큰 실수와 잘못을 하지 않은 노인도 없을 겁니다. 모두가 자식들을 위해 헌신했다고 여기지만 글쎄요, 바로 그것 때문에 자식들에게 마음의 짐을 여전히 갖고 있는 분도 있을 겁니다.

여기서 강조하고 싶은 것은 활력 넘치는 왕성한 수용자(또는 소비자)로서의 '노인 문화'가 아니라, 저마다 살아온 삶의 기억을 제대로 되살리고 이해받고 또한 존중도 받는 그런 노인 문화, 그런 작업들이 중요하다는 것입니다.

개별적인 작은 작업들을 보면 동네 생활 문화 전문가들의 도움을 받아서 자신이 살아온 생애를 차분하게 글로 써도 되고, 옛 사진첩 중에서 자기 인생의 결정적인 순간들을 재정리해서 슬라이드 영상으로 만들어도 됩니다. 그 글과 영상으로 친구들이며 가족들과 이야기를 나누는 것도 중요합니다.

좀 더 구조적으로 보면 정부와 지자체가 일단 노인의 이동권을 확보해야 합니다. 바깥세상과 단절되지 않도록 유무형의 기술적, 문화적 방법을 강구해야 합니다. 혹시라도 외출이 어려운 분이라면 여러 기술 장치를 통해 바깥세상과 연결은 되도록 해야 합니다.

그런데 바깥으로 나왔다 해서 뭘 소비하고 시간 보내고 하는 게 아니라 지역 사회에서 일정한 역할을 하도록 커뮤니티를 제공해야 합니다. 자신들이 살아온 삶을 과장하여 젊은 세대에게 일종의 '훈계'를 하는 것이라면 그 또한 무리가 있습니다. 사람들은 다 자신에게 주어진 시대를 사는 것이니까요.

과장이나 허세가 아닌, 개인적 사실과 사회적 상황이 적절히 교직된 진솔한 대화의 시간, 그 나눔의 공간들이 필요합니다. 마지막으로 여러분과 함께 앞에서 읽었던 김사인의 시 '아무도 모른다'의 몇 구절을 다시 보고 싶습니다.

> 런닝구와 파자마 바람으로도 의젓하던 옛 동네어른들은 어
> 디로 갔을까
> 누님들, 수국 같던 웃음 많던 나의 옛 누님들은 다 어디로 갔
> 을까
> 나의 옛 배고픔들은 어디로 갔을까
> 설익은 가지의 그 비린내는 어디로 갔을까
> 시름 많던 나의 옛 젊은 어머니는
> 나의 옛 형님들은, 그 딴딴한 장딴지들은 다 어디로 사라졌을까

이 시에 보듯이 런닝구와 파자마 바람으로도 의젓하던 옛 동

네어른들도 사라지고 수국 같던 웃음 많던 나의 옛 누님들도 사라지고 딴딴한 장딴지의 옛 형님들도 사라지고 그리하여 우리 모두의 기억들이 다 사라지는 사회라면 얼마나 삭막하겠습니까. 그러니 서로 이해하고 서로 존중해야만 합니다.

그것은 비단 노인 세대만의 새로운 도시 문화가 아니라 노인과 더불어 살아가는 다른 모든 세대에게도 큰 도움이 되는 길입니다. 즉 우리 모두의 문제이며 우리 모두의 새로운 문화라는 점임을 강조하고자 합니다.

Q&A

첨단 디지털 케어 도움을 받지 못하는 시골 독거노인들이 도시에 사
시는 분들에 비해 훨씬 더 건강하게 살아가실 수 있는 이유가 수치로
계량할 수 없는 삶의 실핏줄, 관계망 속에서 살기 때문이라고 말씀하
셨는데요. 그렇다면 노인 문제 정책을 마련하시는 분들이 귀담아 들
으셔야 할 것만 같은 핵심 의견은 무엇일까요?

노인 한 분이 돌아가시면 도서관 하나가 사라지는 것과 같다
는 이야기를 많이 들어보셨을 겁니다. 어떤 지역에서 살아가셨던 분
들, 그리고 앞으로 살아가야 할 사람들에게 인간으로서의 존엄을 느
낄 수 있게 하는 공간을 만들어야 우리가 앞으로 나이를 먹어서도
살 수 있는, 삶의 존엄을 지킬 수 있는 그러한 곳에서 가치를 담아내
며 살아갈 수 있지 않을까 생각합니다. 단순히 눈앞에 보이는 것들만
처리해나가는 것은 아니라는 거죠.

시니어가 시니어와 함께
이런저런 이야기

이근후

이화여자대학교 명예교수,
사단법인 가족아카데미아 이사장

사회자

. . . .

안양문화예술재단의 주최로 진행되는 '나이 듦 수업'을 오늘자로 해서 벌써 세 번째로 하게 됩니다. 제가 첫 번째 강의부터 계속 왔었는데 매 강의마다 굉장히 가슴 설레는 시간이었습니다. 저는 40대 초반에 아이를 키우고 있는 가장이기도 합니다. 그동안 강의를 들으며 부모님도 생각나고, 아이와 함께할 저의 앞으로의 시간도 생각나서 강연을 듣는 내내 가슴 벅찼습니다. 지난 시간에 최현숙 선생님, 정윤수 선생님의 강의를 들었고, 오늘 이근후 선생님 강연으로 그 세 번째 시간을 열고자 합니다.

안양문화예술재단에서는 '문화정책 2030 프로젝트'로 문화 다양성 사업을 5년째 진행하고 있는데요. 세대 간 공감과 소통 문화를 이끌어 가는 것을 주제로 잡고, 시니어 세대와 중장년 및 청년 세대가 공감하고 관심을 가질 만한 주제들을 여러 전문가 선생님들을 모시고 한 자리에서 듣는 프로젝트를 진행하고 있습니다.

오늘 강연을 위해 모신 이근후 선생님은 이화여자대학교 의과대학 정신과 교수를 역임하시고, 은퇴 후 지금은 이화여대 명예교수로 계십니다. 즐겁고 행복한 노년을 어떻게 준비하고 맞이할 지에 대해 쓰신 책《나는 죽을 때까지 재미있게 살고 싶다》가 베스트셀러에 오르기도 했습니다. 제가 그 책의 독자 리뷰들을 살펴봤는데 시니어뿐만 아니라 청년 세대의 독자들도 선생님에게 꽤 많은 울림과 메시지를 받았다고 나와 있었습니다.

아마 오늘, 세대 간 공감이라는 주제와 잘 맞는 좋은 말씀을 해주시리라 믿습니다. 그럼 선생님을 모시고 말씀 듣도록 하겠습니다.

이근후

· · · · · ·

반갑습니다. 방금 소개를 받은 이근후입니다. 제가 이번 강의의 제목을 '시니어가 시니어와 함께 이런저런 이야기'라고 붙여왔어요. 시니어라는 용어는 선배라는 뜻인데 그렇다면 왜 이런 표현을 사용했냐 하면, 저는 정신 의학을 공부했기 때문에 그쪽에는 여러분보다 제가 시니어입니다. 우리가 시니어라고 구분하는 것은 연령적으로 보면 제일 쉬워요.

나이 든 사람은 시니어고, 나이 적은 사람은 주니어예요. 그렇게 구분하는 방법도 있지만 자기가 수행하는 전문적인 역할을 가지고 생각해보면 여러분에게 저는 의학적으로 시니어가 되겠죠? 그러나 여러분에게도 지금까지 살아오면서 전공하거나 전문적인 역할이 있었어요. 그런 점에서 봤을 때 여러분은 연령에도 불구하고 저의 시니어가 됩니다. 그래서 '시니어 Vs 시니어'라고 붙여본 겁니다.

01

반가운
010

시작하기 전에, 제가 여러분과 무슨 이야기를 하면 좋을까 하고 생각을 해보았는데, 마침 책상을 정리하다보니 2011년도 수첩이 나와서 그 이야기로 시작해볼까 합니다.

수첩 뒤를 보니까 전화번호가 쭉 있었습니다. 7년이 경과한 수첩인데 이름을 보니 벌써 타계하신 분도 있고 그동안 연락이 안 닿았던 분도 있어요. '7년이라는 세월이 그렇구나' 이런 생각을 했는데 그중에서 세 분의 전화번호가 빨간 글씨로 적혀 있었어요. 빨간 글씨로 적었다면 그때는 절대 잊어버리지 말자고 중요하게 적었을 거 같은데 그래서 보니까 전화번호가 '010'이에요.

아, '010'이면 안 바뀌었겠다고 생각을 했습니다. 이 세 분을 말씀드리면 한 분은 외육촌 동생이고, 또 다른 한 분은 초등학교 동창이에요. 다른 한 분은 6.25 전쟁 때부터 지금까지 혈연은 아니지만 제가 형님으로 모시던 그런 분이에요. 그래서 전화를 걸려고 하니까, 조금 맘이 걸려요. 만일 전화를 걸었다가 돌아가셨다든지 이런 얘기를 들으면 차라리 전화를 걸지 않고 모르고 지내는 것만 못할 거 같다는 생각이 들었어요.

그래서 가장 나이가 적은 제 동생한테 먼저 걸어봤습니다. 걸어보니 반갑게 받아요. 일단은 안심했습니다. 제 동생은 동해 강릉 지역에서 교직에 오래 있다가 정년퇴임을 해 그곳에서 계속 살고 있습니다. 동생은 학교에서 학생들을 가르치고 나머지 시간에는 그 지역 요양병원이나 요양원에 가서 봉사를 했어요. 혼자도 가지만 종종 학생들과 같이….

여러 가지 이야기를 나누다가 제가 물었습니다. "지금 어디 있니?", "요양병원이에요.", "봉사하러 갔구나.", "네, 봉사하러 왔는데 다른 봉사입니다.", "무슨 봉사인데?", "저를 위한 봉사입니다." 동생은 이렇게 답을 하더라고요.

설명인즉, 그동안 남을 위해서 그렇게 봉사를 했는데 이제 그 나이가 되니 자신을 위해 앞가림을 하는 봉사를 해야겠다고 생각했다고 하네요. 당시 파킨슨병에 걸려 몸이 불편하니까 평소 늘 봉사하던 병원에 입원한 거예요. 입원해서 자기가 환자임에도 불구하고 옛날처럼 환자들에게 봉사하는 거죠.

"제수씨는 어떻게 됐니?"라고 물으니 무릎이 안 좋아서 같이 있다고 하더라고요. 두 늙은이가 아파트에서 매일 서로 얼굴이나 쳐다보고 있기보다, 밥도 알아서 해주고 재활 시설도 많으니 둘이 같이 입원을 했답니다. 하루 중 일부는 다른 환자들을 위해 봉사를 하는 거지요. 목소리도 짱짱해서 기뻤는데, 그런 봉사로 이어진다니까 참 반가웠습니다.

다음 '010'은 나이순으로 봐서 저하고 동기입니다. 이래저래 고민 없이 전화를 걸었습니다. 통화가 되더군요. 그래서 "아무개, 아무개냐?" 하니까 "그렇습니다." 그러더라고요. 얼마나 반가웠겠습니까. 그래서 "나 이근후인데.", "누구요?", "나 이근후인데, 네 친구." 하니까, "네?" 이래요. 기억이 바로 떠오르지 않나 보더라고요.

저를 그렇게 잊어버릴 사이는 아니었거든요. 그래서 제가 계속 친구다 뭐다 이런 정보를 제공해줘도 감이 오지 않나 보더라고요. "죄송하지만 급하신 일이 아니면 30분 뒤에 걸어주세요"라고 하기에 "알겠습니다"라고 했죠.

마지막은 형이에요. 이 분은 90세가 넘거든요. 그래서 너무 초조하잖아요. 고민하다가 걸었습니다. 그러니까 또 "여보세요?" 하는 거예요. "나, 아무개인데." 그러니까 "어디 있니?"라고 하더군요. 너무 반가웠습니다.

이 분 자녀들이 모두 미국에 가 있기 때문에 미국에서 오랫동안 살았던 걸로 알고 있어요. 그런데 2011년 두 내외가 한국으로 나온 겁니다. 이후 저하고 만난 겁니다. 그래서 반가운 마음에 이렇게 빨간 글씨로 써 놓은 건데…. 그때 그 분이 하시는 말씀이 "너, 애들이 바람 쐬러 가자고 하면 절대로 따라가면 안 된다"라고 하시는 거예요. "그게 무슨 소리예요?"라고 물었더니 대답이 이렇습니다.

형수님이 5년 전에 돌아가셨데요. 그 형수님은 저보다 한 살 아래입니다. 한국에 나와서 결국 돌아가셨는데 장례를 치러야 하잖아요. 자녀들이 미국에서 다들 한국으로 돌아와 장례를 치르고 얼마 지나지 않아 "아버지, 바람 좀 쐬러 갑시다"라고 하

형수님이 5년 전에 돌아가셨데요. 그 형수님은

저보다 한 살 아래입니다. 한국에 나와서

결국 돌아가셨는데 장례를 치러야 하잖아요.

자녀들이 미국에서 다들 한국으로 돌아와

장례를 치르고 얼마 지나지 않아

"아버지, 바람 좀 쐬러 갑시다"라고 하기에

"네 엄마도 죽고 그런데 무슨 바람을 쐬느냐"라고

되물었다고 해요. 그런데 꼭 바람을 쐬러 가야

한다는 거예요. 그 말도 맞잖아요.

우울하고 비탄에 빠진 마음에 조금이라도 활기를

넣어주기 위해 가자는 건가 했더니

결국 요양원에 버리고 가버린 거예요.

그래서 저보고 절대로 따라하지 말라고 한 거지요.

기에 "네 엄마도 죽고 그런데 무슨 바람을 쐬느냐"라고 되물었다고 해요. 그런데 꼭 바람을 쐬러 가야 한다는 거예요. 그 말도 맞잖아요. 우울하고 비탄에 빠진 마음에 조금이라도 활기를 넣어주기 위해 가자는 건가 했더니 결국 요양원에 버리고 가버린 거예요. 그래서 저보고 절대로 따라하지 말라고 한 거지요.

우리끼리 아는 우스갯소리이겠지만, 이사 갈 때 남자들이 꼭 조수석에 앉아 있다는 거 아시죠? 왜 조수석에 앉아 있냐면 젊었을 때 속 썩인 게 워낙 많으니 이사 갈 때 버리고 간다는 의미라는 거죠. 그래서 절대 조수석을 떠나면 안 된다는 우스갯소리가 있었습니다.

02

Aging은 노인이 아니라
나이 듦이다

우리가 노인이라는 말을 많이 써요. 그런데 저는 노인이라는 말을 쓰기가 싫습니다. 노인이라 하면 정서적으로 앞으로 살 시간이 얼마 없다고 느껴지잖아요. 그래서 저는 '나이 들다'라는 표현을 사용하고 싶어요.

영어로 'aging'이라는 단어가 노인을 말하는 거잖아요. 그러나 달리 풀어보면 'age'가 '나이'이고, 'ing'는 진행 중인 거예요. '나이가 진행 중이다', '나이가 들어간다'라는 생각으로 '나이 듦'이라는 표현을 정의해 봤습니다. 돌잔치를 치르고 나서 두 살이 되면 그 아이는 어떻게 표현할 수 있을까요? 역시나 'aging'이죠. 'aging' 한다고 노인은 아니잖아요. 그래서 '나이 들다'라는 개념으로 'aging'을 생각해주시기 바랍니다. 그러니까 이 세상을 하직할 때까지 진행형입니다.

제 경험을 하나 이야기하자면 65세 때 정년퇴임을 했는데 그때 제일 먼저 동사무소를 방문했습니다. 가서 시니어 카드를 탔어요. 제가 사실 회갑 때부터 시작해서 5년간 선배 교수님들이 퇴임할 때 진행하는 강연을 빠짐없이 들었어요. 이분들이 퇴임 후 어떻게 나머지 생활을 계획하고 나가시는지를 봤더니 두 가지 방향이에요.

하나는 지금까지 참 고마웠다는 이야기와 함께 본인이 학교는 떠나지만 다른 곳에 새롭게 시작할 일이 있다는 거예요. 이것은 연속선상에 있는 거죠. 그동안 신세를 많이 져서 고맙다는 분이 있고, 어떤 분은 굉장히 흥분을 하세요. 왜 65세라고 인위적으로 정년퇴임을 만들어서 한참 일할 수 있는데 나가라는 건지 말이 안 된다, 이러시는 거죠. 그러면서 헌법 소원을 해야 한다고 울분을 토로하고 나가시는 거죠. 뒤에 경과를 살펴보니 울분을 토하시는 분이 일찍 돌아가시더라고요. (하하)

언젠가 저하고 친한 분이 돌아가셔서 문상을 간 적이 있습니다. 아내 분에게, 한참 일할 나이인데 돌아가셔서 안타깝다고 했더니 그분께서 하시는 말씀이 자기 성질부리다가 떠났는데 그렇게 생각하지 말라는 거예요.

성질부리다가 떠났다는 그분 표현처럼 분한 마음을 가지고 계시는 분들이 좀 더 일찍 돌아가시더라는 겁니다. 퇴임을 하더라도 또 다른 시작을 준비하시려는 분이 조금 더 활기차게 활동하시는 모습을 봤습니다.

이런 이야기를 많이 들었기 때문에 퇴임 후 먼저 가서 시니어 카드를 받았던 것입니다. 시니어 카드를 받는다는 것은 그 자체가 이미 '당신은 노인이다'라는 증명이기도 합니다. 그것을 가지고 지하철을 공짜로 타는데 2호선이 순환선이라 제일 좋아요.

우연히 지하철을 탄 적이 있는데 사람들로 조금 붐볐습니다. 그때 젊은 친구가 제 앞에 딱 앉아서 저를 힐끗 처다보기만 하더니 휴대폰만 계속하고 있어요. 그런데 제가 속으로 '요놈 봐라. 노인이 들어왔는데, 내가 시니어 카드를 갖고 탄 노인인데' 이렇게 되뇌이니 노여운 기분이 드는 겁니다. 누가 보더라도 얼른 일어나서 저한테 자리를 양보해줘야 하잖아요. 그렇다고 해서 직접적으로 일어나라고 할 수도 없고, 속이 부글부글하지만 참고 탔어요.

어떤 때는 용수철처럼 톡 튀어나오더니 "할아버지, 여기 앉으세요." 이러는 거예요. '이놈 눈에는 내가 노인으로 보여?' 괘씸한 거예요. 비켜줘도 탈이고 안 비켜줘도 탈이고. 이게 지내놓고 보니 노여움이더라고요. 늙기는 자기가 늙어놓고 화풀이는 다른 곳에 하는 거죠.

어떤 의미에서는 선배 교수들을 보면서 준비했음에도 불구하고 그 노여움은 어쩔 수 없더라고요. 그때는 노여움이라고 생각 안 했어요. 조금 더 지나니까 늙기는 자기가 늙어놓고 어디에 화풀이를 하려고 하는가, 라고 생각했죠.

제가 정년퇴임한다고 제자들이 근사한 점심을 사준 적이 있었어요. 그날따라 비가 많이 내려서 우산을 들고 갔는데 음식을 다 먹고 우산을 찾으니 없는 거예요. 마침 주인이 나와서 죄송하다고 누가 바꿔갔는지 모르니까 이 우산을 들고 가시라며 다른 우산을 저한테 주더군요.

그때 저는 '그 우산은 필요 없다. 내 우산을 찾아 달라'고 떼를 썼어요. 괜한 트집이죠. 그 우산이나 이 우산이나 쓰고 가면

비를 안 맞잖아요. 그럼에도 불구하고 꼭 내가 쓰고 온 우산을 내놔라고 시비를 걸었던 거지요. 제 말이 틀린 것은 아니잖아요.

그렇더라도 융통성 있게 생각하면 그 우산을 받아서 쓰고 나오면 되는데 왜 내가 그랬는가 하고 시간이 좀 더 지나서 생각하니 그것도 노여움이었어요. 노여움을 갖든, 안 갖든 세월은 흘러가는 겁니다. 그것을 아무리 거부해도 소용이 없어요.

03

가장 젊은 나이와
가장 늙은 나이

자, 여러분 나이를 제가 한 번 물어볼까요? 여러분은 젊은 나이인가요, 늙은 나이인가요? 제가 말씀 드리고자 하는 바는 바로 이겁니다. 여러분은 태어나서 지금까지 살아왔어요. 과거를 기준으로 하면 오늘이 제일 늙은 나이예요. 반대로 미래를 생각하면 오늘이 첫 날이고 가장 젊은 나이지요. 여러분이나 저나 두 가지의 나이를 갖고 있어요. 가장 젊은 나이와 가장 늙은 나이.

그렇다면 여러분은 어느 것을 선택해서 살아가시겠어요? (청중: 젊은 나이) 그래요. 며칠 전에 TV를 보니까 김연아 선수가 나왔어요. 겨울이 가기 전에 아이스쇼를 또 하나 봐요. 그런데 제가 속으로 '저런 젊은 나이에 어쩌면 저렇게 성숙한 이야기를 할 수 있을까. 역시 스케이트든 뭐든 일가견이 있는 수준에 오르면 저런 경지에 이르나보다'라고 생각했어요.

인터뷰하는 사람이 김연아 선수에게 금메달도 따고 어쩌고 저쩌고 하며 물어보니까 "금메달을 딴 영광은 그때의 영광일 뿐입니다. 거기에 집착하지는 않습니다"라고 하더라고요. 너무 좋은 얘기입니다. 여러분도 그걸 마음에 새기세요.

여러분도 과거에 집착하지 않으니까 미래지향적으로 젊은 나이라고 인식하시는 거예요. 제자 중 한 명은 교수로 재직 중이었는데 학교에 있을 때부터 자기는 나이가 지나가는 게 너무 싫다는 거예요. 그런데 우연히 이런 에피소드가 있었다는 겁니다. 신촌에서 본인 집이 있는 연희동까지 가자면 신촌시장을 가로질러 가야 하거든요. 그러면서 어떤 물건을 사려고 가게에 들어갔다고 합니다. 그런데 주인 분이 "아주머니, 그것보다 이게 더 좋아요"라 했다고 정년퇴임할 때까지 다시는 그 시장에 가지 않았다는군요.

　이건 다른 교수님 이야기인데, 그분이 정년퇴임을 얼마 안 남긴 시점에 인구 조사원의 방문이 있다고 합니다. 나이를 물어서 원래는 64세인데 49세라 했다는군요. 조사원이 생년월일을 보니 틀려서 '선생님은 49세가 아니라…' 이렇게 이야기를 하니까 그 교수님이 막 화를 냈다고 해요. 그러고 나서는 우리 모임에서도 자기가 한 번 화를 낸 적이 있기 때문에 고집스럽게 계속 49세라고 우기는 겁니다.

　자신의 나이를 자신이 정서적으로 수용하기 어렵다는 거예요. 우리가 정서적으로 아무리 수용하기 어렵다 하더라도, 먹는 나이는 나이잖아요. 그래서 제가 오늘 강의 자료 앞표지에 '이근후 1935'라고 적어왔습니다. 나이는 8학년 몇 반 이렇게 되는데, 그것도 자꾸 물어봐서 8학년 얼마 하려고 하니 요즘은 전철 몇 호선 몇 번 플랫폼 이렇더라고요. 참 재미있는 이야기잖아요. 어쨌든 나이가 많아지는 것에 대한 두려움이 모든 사람에게 있는 거 같아요. 그러니까 49세라고 계속 우기는 거죠.

　'참 오래도 사셨습니다.'

이건 무슨 얘기인가 하면 제가 의과대 졸업 50주년을 맞아

부부 동반으로 여행을 가자고 동창들에게 이야기했는데 미국에 동창들이 많이 살아서 거기까지 가려고 하니 비행기 열 몇 시간을 타기 어렵다며 손을 절레절레 흔들기에 제주도로 급 변경했다는 이야기입니다.

마침 일요일이 끼어 있었어요. 그래서인지 누구는 교회에 가고, 누구는 절에 가고, 누구는 성당에 가버리니 저는 일요일 오전 시간을 한가롭게 보낼 수 있었습니다. 저는 종교가 없기 때문에 호텔에서 차 한 잔 마시고 있었던 거지요.

성당에 갔던 친구들이 제일 먼저 돌아와서 계속 신부님을 성토하는 거예요. 왜 그러냐고 물었더니, 신부님이 '참 오래도 사셨다'고 했대요. 느닷없이 오래도 살았다고 그렇게 말할 일은 없지 않느냐며 자초지종을 말해보라 했더니, 신부님이 강론을 하다가 우리 동창들이 낯선 사람들이라 "중국에서 오셨어요?"라고 물었답니다. 그래서 "아니요, 의과대 동기들인데 졸업 50주년이라 여차저차 해서 왔습니다"라고 했더니 그 말끝에 신부님이 "참 오래도 사셨습니다"라고 했다는 겁니다.

그래서 화가 난 친구를 달래느라 어떤 논리를 폈냐면, '좀 생각을 해봐라. 우리가 오래 산 것도 천행이고 고마운 일이다'라고 말했어요. 해방될 때 제가 초등학교 4학년이었어요. 5학년만 되면 일본 사람들이 소년 항공병이라 해서 강제로 데려갔어요. 당시 비행기 몰고 적진으로 갈 때는 항공 연료를 주는데 오는 건 안 줬다고 해요. 말 그대로 자폭하라는 얘기죠. 그런데 저는 그때 4학년이어서 안 뽑혀간 거예요. 그게 얼마나 고마운 일입니까.

중학교 3학년 때는 한국전쟁이 났어요. 그런데 그때도 중학교 4학년부터 학도병으로 데리고 간 겁니다. 저는 한 해가 모자라서 못 간 거예요. 당시는 전투병이 부족하니까 밤에 헌병들이 집을 뒤져서 청년들을 다 끌고 갔어요. 더불어 길 가는 사람들도 마구잡이로 뽑아가던 시기라 그만큼 위급했을 때예요. 그만큼 우리는 한 해 늦게 태어난 것 때문에 지금까지 잘 지내고 있지 않느냐고 말했던 거지요.

이후 4.19, 5.16 등 급변하는 사회 환경에도 불구하고 지금까지 잘 살아서 50주년 기념으로 여기에 왔던 것 아닙니까. 결국 신부님 말씀은 "그렇게 고생하고도 참 오래 사셨습니다. 축하합니다." 이런 의미가 아니었을까, 라며 저는 저 나름대로 둘러댔어요.

결국 동창 중 한 명이 자신의 동생이 서강대 총장도 지낸 아무개 신부라고 했다고 해요. 하도 억울했던 거죠. 그랬더니 신부님이 따라 나와서 택시까지 잡아줬다고 합니다. 저는 신부님이 노인이라 폄하하려고 그렇게 말씀하신 것이 아니라고 생

각해요. '오래 사신 것을 축복 드립니다.' 이런 뜻이 있었을 거
예요.

04

생물학적 나이와
심리학적 나이

우리가 나이에 대해 생각해보자면, 생물학적 나이가 있고 심리학적 나이가 있어요. 인구 조사를 나왔을 때 49세라고 하면 그게 심리학적 나이인 거예요. 심리적으로 자신이 받아들이기 싫으니까요. 그러니까 노인들도 보면 연세는 많은데 노익장이다 이런 표현을 많이 하잖아요. 그건 연세에 비해 심리적으로 젊은 사람 같다는 거예요.

요즘 100세 시대라 하죠. 여러분은 100세까지 살려면 아직 많이 남으셨죠? 열심히 사셔야 해요. 그런데 제가 의과대에 다닐 때는 100세 개념이 없었어요. 82년부터 네팔에 의료 봉사를 가기 시작했는데 거기에 가니 일반 서민들이 100세 개념에 대해 이야기를 하는 거예요.

위생 상태가 좋지 않기 때문에 유아 사망률이 높아서 평균 수명은 우리보다 떨어지지만 개념은 100세인 겁니다. 저는 참 희한하다 생각하고 학자들에게도 물어보고 친구들한테도 물어봤는데 100세를 25세, 50세, 75세, 100세 이렇게 4등분을 한다는 겁니다.

25세까지는 학습하는 시기예요. 이 세상을 살아가는 방법을 부모로부터 배우는 거지요. 취학 연령이 되면 학교에 가서 배우잖아요. 그게 학습하는 시기랍니다. 저는 생명이 태어나면서부터 하직할 때까지를 의학적으로 일생이라 생각합니다. 물론 종교적으로 전생과 후생도 있겠지만 이는 과학이나 의학으로는 증명된 것이 아니어서 취급하지 않습니다. 여하튼 명확하게 알고 있는, 태어나면서부터 하직할 때까지가 일생입니다.

그래서 25세까지는 부모로부터 배우는, 학습하는 시기인 거지요. 배운다는 것은 모방하는 거예요. 가장 쉬운 예로 사회적으로 선악을 논할 수 있잖아요. 이건 착한 일이다, 이건 착하지 않은 일이다. 예를 들어 휴지는 휴지통에 버려야 한다고 하면 어떻게 행동할 것인가에 대해 고민해볼 필요가 있지요.

아이는 부모에게 칭찬을 듣기 위해 휴지를 휴지통에 집어넣는 거죠. 휴지를 왜 그곳에다 넣어야 하는지 정확하게 알 수 없지만요. 그렇지만 휴지를 휴지통에 넣으면 부모가 칭찬하니까, 달가운 칭찬을 듣기 위해 자꾸 그렇게 하는 거예요. 하다가 보면 습관이 된다는 거죠.

다른 하나는 꾸짖어야 한다는 겁니다. 휴지를 저기에 넣지 않으면 고통을 주는 거예요. 그러면 아이들이 자발적으로가 아니고 야단을 맞는 고통, 아니면 벌을 서는 고통을 피하기 위해 갖다 넣는 거예요. 어떻게 하든 휴지통에만 넣으면 되잖아요. 인간의 양심이 발달하는 과정은 그렇게 두 가지예요. 하나는 칭찬을 통해서, 하나는 벌을 통해서 이루어지는 거랍니다.

26세부터 50세까지는 그렇게 모방해서 배운 방법을 실습해 보는 거예요. 부모님이 결혼을 했듯이 본인도 해보는 거예요. 부모가 나를 낳아줬듯이 나도 자녀를 낳아 보는 거죠. 실천해보는 겁니다. 비단 그것뿐만 아니겠죠. 직업을 통해 삶을 영위하기도 하고, 배움을 실천하는 건 온갖 방법이 있을 거예요. 그래서 제가 이를 여름에 비유하려고 했습니다.

그리고 51세부터 75세까지는 참회 및 반성하는 시간이에요. 내가 부모님한테 25세까지 혹은 사회에서 배운 대로 50세까지 실천해봤는데, 그 실천하는 동안 의식적으로는 아니지만 내 행동으로 인해 다른 사람이 고통 받은 일은 없을까, 이런 것을 참회한다는 거예요.

네팔에 가보면 전 연령대의 사람들이 힌두사원을 순회합니다. 사실 그 모습을 보면서 '집에서 할 일도 없나, 왜 저렇게 매일 저곳을 가는 거지'라고 누군가 물어보면 이런 설명을 한다고 해요. 의도하지는 않았지만 본인 때문에 혹시 불편을 가진 사람은 없었는가, 있다면 그것을 참회한다는 거예요.

이와 조금 비슷한 이야기를 하자면 제가 회갑을 맞았을 때 애들한테 회갑 잔치를 해 달라 이랬더니 애들이 요즘 회갑을 하는 사람이 어디 있냐고 팔순이나 되어야 하지 안 한다는 거예요. 그래서 회갑을 해야 하는 이유에 대해 장문의 편지를 썼어요. 우리 애들이 저하고 한 집에 사니까 그냥 막무가내로 돌렸던 거죠.

인생은 100세 개념으로 봐야 하는데 60세가 되면 반환점이고 등산으로 치면 산등성이에 앉아 내가 올라온 길이 잘된 길인지 못된 길인지 혹시 남한테 폐를 끼친 길은 아닌가 하고 생각해보고 내려갈 때 조심하고자 하는 분기점이라는 거죠. 네가 회갑을 안 해준다는 것은 내가 반성할 기회를 없애는 거라고 호통을 쳤더니 결국 회갑 잔치를 해주더라고요. 덕분에 잘 먹기는 했습니다.

80세가 되니 애들이 또 걱정이잖아요. 60세를 그렇게 했으니까. '아버지, 팔순은 어떻게 하면 좋겠습니까'라고 물어보기에 안 한다고 대답했죠. 그러니 애들이 당황하는 거예요.

저는 80세가 되는 그 한 해를 매일 매일이 생일이라고 생각했어요. 물론 매일 생일상을 차려달라는 얘기는 아닙니다. 사실 지내다보면 공적으로 만나는 사람도 있고 사적으로 만나는 사람도 있고, 친구가 저를 찾아오기도 하고 제가 찾아가기도 하잖아요. 그러면 점심이나 저녁을 같이 먹고 이렇게 말하는 거예요. "잘 먹었는데, 사실은 오늘 내 생일이야." 깜짝 놀란 상대는 이렇게 말하겠지요. "진즉 이야기하지…."

이렇게 말하는 방식을 1년 동안 했어요. 너무 재미있더라고요. 친구들이나 선후배들이나 제자들이랑 그렇게 80세를 지냈습니다.

75세까지는 참회하는 시간이었습니다. 1982년부터 지금까지 네팔에 의료 봉사를 갔다 오는데, 한 번은 4,000미터가 넘는 카

린촉이라는 산에 위치한 힌두교 사원을 방문한 적이 있습니다. 신도들이 희생양을 바치고 제사를 지내고 내려가는 곳이지요.

스님은 안 계시고 사원만 덩그러니 있는데, 그곳에 올라가려면 약 200개 정도 되는 계단을 이용해야 합니다. 열심히 올라가서 그곳에 앉아 사방을 둘러보면 히말라야가 동에서 서까지 쫙 보이는데 장관이에요. 그래서 거기서 놀다가 내려왔어요.

계단을 몇 개 내려오니 갑자기 네팔 친구가 하는 말이, "당신은 혹시 죄를 지은 일이 있나요?"라고 묻는 게 아니겠어요? "죄? 글쎄, 의식적으로 죄 지은 일은 없는 것 같은데. 나도 모르게 죄가 됐는지는 모르겠는데, 작정하고 죄를 지은 일은 없어요"라고 답했습니다. 그랬더니 "다행이군"이라면서 죄를 지은 사람은 이 계단을 내려갈 때 재앙을 받는다고 하더군요. 넘어져서 다친다는 거예요. 그 말을 듣고서 제가 거의 기어내려왔다는 거 아닙니까. 누가 시켜서가 아니라 그냥 갑자기 다리가 후들후들 거리더라고요.

내려오면서 속으로 '나도 모르게 지은 죄가 참 많겠지. 그러니 부들부들 떠는 거겠지'라고 되뇌었어요. 엉금엉금 기어서 겨우 도착했다는 거 아닙니까. 그런데 도착해서 네팔 친구가 갑자기 "어휴, 지은 죄가 참 많은가보군요"라면서 농담으로 그랬다는 거 아닙니까. 그러니까 화가 나는 거예요. 그 친구한테 다 들켜버렸잖아요.

여러분도 이제 조용히 한번 지난 과거를 돌아보면 의식적으로는 나쁜 짓을 안 했다 하더라도, 혹시 내 말 한마디가 상대방에게 화살로 꽂힌 건 없을까 하고 반성하는 시간을 가져보는 건 어떨까요.

그 다음은 겨울이에요. 76세부터 100세, 그리고 100세 이상까지인데 이때는 자유로운 시기예요. 뭐로부터 자유롭다는 말인지 학자들에게 물어봤습니다. 이분들이 하시는 말씀이 'free from all', 즉 모든 것으로부터 자유롭다고 해요. 너무 높은 수준의 얘기잖아요.

사실 우리가 이 나이가 되어서 '당신은 자유로운가?' 이렇게 묻는다면 자유롭지 않은 게 더 많죠. 부모 자녀 관계, 나와 직장 관계, 친구 관계 등을 따져보면 자유롭지 못한 게 너무나 많아요. 그런데 이분들은 그 연령이 되면 모든 것으로부터 자유롭다고 말하는 거죠.

앞의 이야기에 이어서 말하자면 네팔에 처음 가서 의아했던 것이 거지들이 너무 많다는 거였어요. 그런데 얘기를 나누어보면 높은 차원의 얘기들도 많이 해요. 어느 날 파슈파티나트라는 힌두교 성지에 있는 화장터에 앉아 계시는 분에게 무엇인가를 물어봤던 기억이 납니다. '당신은 왜 여기에 앉아 있습니까'라고 물었지요. 그랬더니 선문답하듯 '저기서 여기까지 온다고 일생이 걸렸다'라고 이러기에 저는 부족한 생각으로 저 동네에 살다가 이 동네로 이사 온 거라 생각했어요.

그래서 자꾸 물었더니 그분은 명상을 통해 아주 높은 곳에 다다라 있는데, 저의 질문은 아주 부족한 거였어요. 그곳에는 그런 분들이 너무 많아요. 친구한테 물어봤죠. 구루나 거지나 둘 다 행색이 똑같은데 어떻게 구분하면 되느냐고 말입니다. 그랬더니 돈을 달라고 하면 거지고, 안 그러면 구루라는 겁니다. 생각해보니 맞는 말이더라고요. 어쨌든 마지막 생물학적 연령이든, 심리학적 연령이든 어느 경지에 도달하면 모든 것으로부터 자유롭게 되나 봐요. 그렇다면 자유롭지 못한 점에 대해서도 생각해봅시다.

05

어떻게
살아 왔는가

우리가 어떻게 살아왔는가에 대해 생각해봅시다. 이에 대한 이야기는 두 가지가 있어요. 하나는 태어날 때 갖고 나오는 기질이라는 게 있어요. 그건 유전이죠. 그런데 기질이라는 건 아직 유전 인자로 증명해내지 못했어요. 신체적인 것은 다 증명해

냈는데 말이죠.

머리가 까맣거나 노랗거나, 눈빛이 파랗거나 갈색이거나 이런 것은 유전자에 의해 그대로 나오는 거지요. 우리 속담에 '콩 심은 데 콩 나고, 팥 심은 데 팥 난다'라는 표현이 있는데 그게 유전인 겁니다. 그런데 유전만 가지고 살아가느냐. 그게 아니에요.

태어나서부터 죽을 때까지 학습하는 게 있어요. 어떻게 세상을 살아가느냐. 이게 습관이 되는 것입니다. '세 살 버릇 여든 간다'라는 속담이 있잖아요. 그런데 서양 정신 의학에서는 이것을 증명하기 위해 정신분석적으로 많은 연구를 했어요. 그 사람들은 '아동기의 감정 양식'이라는 표현을 써요. 어릴 때 감정 양식이 어른이 되어도 무의식적으로 좌지우지한다는 뜻이에요. 세 살 버릇의 근원이 그런 거지요.

그런데 우리나라에서는 학자에 의해서가 아니라 아니라 민간에서 '세 살 버릇 여든 간다'라는 속담이 만들어졌는데, 서양에서는 그걸 가지고 학자들이 연구를 해요. 우리 선조들이 그만큼 지혜롭다는 이야기를 하고 싶었습니다.

그럼 아동기의 감정 양식은 어떻게 형성될까요? 제일 먼저 누구한테 배우겠습니까? 이 세상 어머니 뱃속에서 나오자마자 어머니하고 제일 먼저 접촉을 해요. 그래서 정신과에 오는 환자들을 보면 대부분 어머니가 아이한테 상처가 될 말이나 행동을 많이 주는 거예요.

서양 정신의학서를 읽어보면 '정신분열증(조현병)을 만드는 어머니'라는 용어가 있어요. 사실 자식을 정신분열증으로 만들려는 어머니가 어디 있겠어요? 그래도 양육 방식에 따라 부모의 적개심이라든지 잘못된 정서, 이런 것들이 자녀로 하여금 환자로 만들 수 있다는 얘기예요.

그런 것을 지적하면 어머니들은 너무 억울해 하지요. 본인은 자식을 위해 이만큼 희생해오고 반면 아이 아버지는 매일 술이나 먹고 들어와서 이렇게 됐는데, 왜 엄마만 그러느냐고 항변을 합니다. 아버지는 자녀와 대면하는 시기가 늦기 때문에 그런 거예요. 아기가 처음 뱃속에서 나왔을 때 수유를 해야 하니까 어머니가 가장 먼저 접촉을 하는 거죠.

그러니 첫 번째로 접촉하는 사람이 너무 중요한 것입니다. 아버지는 조금 비껴나는 거예요. 설령 술을 먹고 그랬다고 하더라도, 어머니보다는 시기적으로 영향을 적게 준다는 이야기지요. 그건 시기적으로 조금 늦게 관계하기 때문이지 영향을 안 준다는 뜻은 아닙니다.

제 이야기를 하나 해드릴까 싶어요. 저는 산을 좋아해서 학생들과 자주 올랐어요. 히말라야를 오르고서 벅찬 감정을 가득 담아 귀국해 세관 검사를 받으면서 겪었던 이야기입니다. 저보고 내려올 거 왜 굳이 올라가느냐고 묻더군요. 그때 다른 세관원이 자기가 좋아서 올라가는데 뭘 그러느냐며 둘이 티격태격해요. 정작 올라갔다온 사람은 가만히 있는데 말이죠.

얼마 전에 김창호라는 대단한 등반가를 포함해 다섯 명이 희생됐잖아요. 요즘 말도 많지만 네팔에 가서 희생된 사람들 중 한국 등반대가 많은 편이라고 해요. 70년대에 마나슬루에서 희생된 등반 대원이 12명이 있어요. 이번과 똑같았지요. 12명이 베이스캠프에서 천막을 치다가 제트 기류에 말려 사람이 멀리 날아가 버려서 결국 시체도 못 찾았대요. 슬리핑백에 들어간 채로 약 300미터 이상 날아간 거예요. 그건 어떻게 해볼 도리가 없죠.

어느 서양 등반가 한 분은 기자들이 하도 물으니까 "산이 거기 있으니까 올라간다"라고 했대요. 높은 경지에 도달한 사람은 뭐가 달라도 다르더라고요. 기자들이 따라 다니면서 왜 올라가냐고 자꾸 물으니 귀찮아할 수도 있잖아요.

저는 만약 그런 질문을 받으면 고상한 이야기를 해주고 싶어요. 그런데 '산이 거기 있으니까 올라간다' 이것 이상으로 더 좋은 말을 찾을 수가 없습니다. 그래서 이실직고 할 수밖에 없다고 생각했죠. 저는 뭐라고 대답하냐면 헤엄을 칠 줄 몰라서 산에 올라간다고 해요. 근데 이건 사실이에요.

제가 외동아들입니다. 당시 외동아들은 참 귀했던 거 아시죠? 자녀를 10명씩 낳는 판에 제가 외동아들이니까요. 그래서 부모님께서는 물에 가면 제가 빠져 죽는다고 생각하셔서 절대 못 가게 하시는 거예요. 친구들을 만나면 주로 강에 가서 헤엄치고 놀다 와야 하는데 헤엄 치고 오면 부모님한테 혼나는 거예요.

그래서 어릴 때였지만 기특한 행동을 했습니다. 스스로에게 타협을 해서 친구는 따라 가되 물에는 배꼽 이상 절대 들어가지 않은 거죠. 그러다보니 지금까지 헤엄을 못 쳐요. 헤엄을 못 치니까 산에 갈 수밖에 없다는 거죠.

누군가 "선생님은 스트레스가 생기면 어떻게 해결합니까?"라고 물었던 적이 있어요. 그래서 1초의 여유도 두지 않고 "산으로 갑니다"라고 했죠. 저는 산을 좋아하니까요. 그리고 나서 가만히 생각하니 두 가지 생각이 떠오르는 거예요.

저도 학교에서 따돌림을 당했던 경우가 있었어요. 따돌림을 당하면 어떻게 해볼 수가 없잖아요. 억울하기도 하고. 그래서 학교 운동장에 있는 포플러나무에 올라가서 실컷 울다가 마음이 가라앉으면 내려오곤 했어요.

집에서는 부모님한테 혼나면 감나무를 타고 지붕 위에 올라갔어요. 그때는 집들이 전부 단층이었기 때문에 지붕 위에 올라가면 멀리까지 다 보여요. 부모님은 저를 못 찾거든요. 그럼 지붕 위에서 울다가 마음이 진정되면 내려오곤 했어요.

그렇다면 산에 왜 오르는가? 무의식적으로 저는 외롭거나 외톨이가 되거나 혼나거나 억울하거나 하면 어딘가 올라가는 버릇이 있어요. 그런 무의식하고 이렇게 통하잖아요. 그런 식으로 여러분의 세 살 버릇을 추적해서 음미해 보면 어떤 결과든지 원인이 없는 것은 없어요.

이런 식으로 한 번 찾아보세요. 나의 지금 생활 습관이 어디서부터 근거했는가를 찾아보면 재미있을 거 같습니다.

06

같은 값이면
다홍치마

같은 값이면 다홍치마라는 이야기가 있어요. 태어났으면, 같은 값이면 다홍치마로 살자는 이야기죠. 인생이 뭐냐. 이래도 한 세상 가는 거고 이 찰나를 즐겁게 이어가도 한 세상 가는 거예요. 그럼 여러분은 무엇을 선택하겠어요? 즐거움을 택하는 거죠. 그래서 제가 2013년에 출간한《나는 죽을 때까지 재미있게 살고 싶다》가 여러분의 사랑을 받은 것이 아닌가 싶어요. 그러고 보면 오늘 강연과 연결이 되지요.

사람들이 저한테 이렇게 물어봅니다. 얼마나 재미있게 살기에 그런 제목을 붙였냐고요. 사실은 재미없기 때문에 붙였던 것입니다. 인생은 사실 고해라고 하잖아요. 그러나 지내놓고 보면 그게 추억거리가 될 수 있는 거예요. 그렇게 지나가는 것을 재미로 바꾸는 거죠.

원동력이 된다는 것은 긍정적인 면도 있지만 부정적인 면도 가능하거든요. 억울하면 출세하라고 하잖아요. 그러니까 긍정적인 것만 에너지가 되는 것이 아니고 부정적인 것도 에너지가 되는 거예요. 중요한 것은 그것을 에너지화 할 수 있는 능력이죠. 그래서 스트레스stress를 스트렝스strength로 바꾸는 그런 재주를 가지고 있으면 죽을 때까지 재미있게 살 수 있습니다.

프랑스 속담에 '앙금 없는 포도주 같은 노인'이란 말이 있어요. 포도주를 보면 맑잖아요. 앙금이라는 것은 포도주에 찌꺼기가 조금 들어있다는 거죠. 그래서 인생을 맑게 사신 분은 얼굴은 비록 늙어서 주름이 있다 하더라도 맑은 거예요. 그런 것을 표현하는 거 같아서 좋아요.

또 어떤 이야기가 있냐면, 노인 한 분이 돌아가시면 도서관 하나가 사라진다는 말이 있어요. 그것과 같은 이야기예요. 요즘은 스마트폰만 있으면 손주들이 제 머리보다 훨씬 나아요. 제가 손주들을 교육시키려고 노인들 어릴 때 이야기를 많이 썼어요. 그걸 손주들에게 보여주면서 너 같으면 어떻게 했겠니, 하고 물었어요. 그걸 문학지에 계속 연재하고 있는데 반응이 세 가지예요.

첫 번째는 '할아버지, 바보 같아요'입니다. 우리 어린 시절에는 보릿고개란 것이 있었어요. 초등학교 시절, 방학이 끝나고 학교로 돌아오면 학생들의 3분의 1은 각기병에 걸려서 다리가 퉁퉁 부어 있었어요. 소나무 껍질을 벗겨 죽을 쑤어 먹던 이야기를 써놓으면 라면이라도 끓여 먹지, 라는 말을 하는 거죠.

바보라는 소리를 자주 하다가 미안하니까 두 번째로 하는 소리가 '할아버지, 참 순진해요'예요. 세 번째는 '무슨 말인지 모르겠어요'입니다. 역사 시간에 배운 거 같아도 무슨 말인지 모르는 거예요. 사실 그 말이 맞지요. 세대 간에 그만한 경험 차이가 있는 거니까요.

제가 초등학교를 다닐 때 당시 일본 사람들이 정말 혹독하게 참배 교육을 시켰어요. 저는 대구에서 자랐으니 대구 신궁神宮에서 매일 참배를 해야 했어요. 참배를 하면 도장을 찍어줘서 그걸 매일 학교에 제출해야만 했죠. 그래서 저는 너무나도 자연스럽게 '대구 신궁'이라는 단어를 쓰니까, '신궁이 뭔데요?'라고 묻는 거 아니겠습니까. 그래서 제가 설명하려고 하니 스마트폰으로 검색해서 이미 '할아버지, 이거예요?'라고 묻는 겁니다. 저도 보지 못한 옛날 신궁 사진을 다 끄집어내놓는 거죠.

이제는 노인과 도서관을 연결 짓는 이야기는 다 옛날이야기예요. 이젠 그 애들이 도서관이에요. 옛날에 할아버지가 인정받은 것은 농경 사회 때 경험적으로, '이때는 비가 올 것이다, 장마가 질 것이다' 등의 정보가 많았으니 대단한 사람이었던 거죠. 요즘 그런 정보는 애들이 더 많이 갖고 있어요. 노인이 정보력을 잃고 나니 행세할 게 없는 거죠. 애들과 친할 방법이 없어요. 옛날에는 줄 것 중에 가장 최고가 정보였거든요. 그런데 지금은 정보를 줄 수가 없어요. 저보다 더욱 빠른 정보를 갖고 있기 때문이죠.

07

스마트
에이징

'그래도 어떻게 해봐야 하지 않을까?' 하고 '스마트 에이징'
이라는 것을 구상해봤어요. 여러분 다들 스마트폰은 가지고 계
시죠? 저는 스마트폰이 없어요. 그것도 착각 때문에 그래요. 저
는 교직에 있었기 때문에 학생들을 가르칠 때 인터넷을 일찍부

터 사용했어요.

그래서 사실은 제가 인터넷을 잘합니다. 그러니까 제 일생 동안 이메일을 주고받고, 페이스북과 유튜브를 이용하다가 나의 생이 끝날 수도 있다고 생각했어요. 그래서 스마트폰을 가지고 있지 않은데 지금은 엄청 불편해요. 오늘도 차를 타고 오후 네 시 반에 출발해서 이곳까지 오는데 주최자들이 얼마나 걱정했겠어요. 스마트폰, 아니 휴대폰이라도 있었으면 제가 어디까지 왔다고 알려주면 마음이라도 놓일 텐데 말이지요. 제 일생동안 휴대폰이 없어도 불편하지 않으리라 생각한 거예요. 그게 착각이었던 거죠.

더불어 제가 이 나이까지 살아 있으리라고 생각을 못 했어요. 그게 바로 두 번째 착각이었던 거죠. 요즘은 AI까지 등장하다보니 사회 변화가 도대체 어디까지 갈지 모르겠어요. 장기 이식도 이제는 죽은 사람을 통해서 기부하는 방식이 아닌 거죠. 장기도 자동차 부품처럼 생산해서 필요하면 바꾸는 그런 시기가 온다고 생각하거든요.

여러분도 급변하는 사회에 준비를 해둘 필요가 있습니다. 지금 다들 스마트폰을 가지고 계시죠? 요즘 젊은이들은 뭔가 단어를 소개하면서 그것을 사자성어처럼 만들어요. 무슨 말인고 하니 저도 젊은 사람들 축에 속해 보려고 'SMART'라는 단어를 찾아서 무엇을 의미하는지 여러 가지로 정리해보았습니다.

'S'는 'Simplifying', 즉 '단순하게 하자'는 의미입니다. 제가 일생동안 치료한 환자들은 생각이 너무 복잡해서 탈이 난 거예요. 너무 복잡한 거죠. 예를 들면 다리가 꺼질 것도 아닌데 꺼지면 어떡하나, 죽으면 어떡하나 모두들 이 걱정이었던 겁니다. 죽을 때가 되면 그냥 죽는 건데 말이죠. 걱정하면 살아날 수 있다고 오해해서 모두들 걱정하죠.

생각이 너무 복잡하기 때문에 병에 걸리는 사람들이 많아서 사고를 단순화하자는 거예요. 여러분도 걱정거리가 많다고 생각합니다. 단순화시키세요. 단순화시키고 집중하면 그 집중력이 굉장한 거예요. 차력사분들 보셨죠? 집중하니까 되는 거예요. 그런데 저는 이제 나이가 너무 들어서 기억도 그렇고 집중하기가 어려워요. 그래서 제 나름대로 어떻게 하냐면, 오늘처럼 강연이 있으면 하루 종일 말을 아낍니다. 말을 아껴야 해요. 말을 해서 에너지를 다 소모하면 여기서 강의를 할 수가 없어요.

한 번은 전주에 초청을 받아서 강의를 갔는데 주최자가 마중을 나왔어요. 시간이 좀 남으니까 전주 시내를 구경시켜주더라고요. 여기는 뭐고, 저기는 뭐고 설명하는데도 "네, 네"라는 대답 이외에는 제가 한 마디도 하지 않았어요. 그런데 강연 후 그분이 역까지 태워주면서, "선생님, 강연하실 땐 말씀을 잘하시면서 왜 아까는 한 마디도 안 하셨어요?" 하고 묻더군요.

저는 강연 전에 이런저런 말을 하면 집중이 안 돼요. 저로서는 강의를 튼실하게 하기 위해 집중력을 발휘하고자 말을 아낀 거예요. 오늘 같은 날도 강연하고 집에 가면 아주 숙면할 거예요. 저는 아홉 시가 되면 자야 하는 사람인데 오늘 아홉 시에 끝난다고 하더라고요. 여하튼 생각이 복잡하다면 떨칠 건 떨치고 어떤 것에 집중할 것인가를 생각하는 게 굉장히 중요합니다.

'M'은 'Moving', 즉 '움직여라'는 거예요. 강의에서 제가 항상 하는 얘기가 "누운 사람은 앉으세요. 앉은 사람은 일어서세요. 설 수 있는 사람은 걸으세요. 걸을 수 있는 사람은 뛰세요"라면서 한 단계 더를 주문합니다. 움직임이라는 거죠. 그런데 요즘 사람들이 얼마나 안 움직이냐면요. 여기서 바로 코앞까지 가더라도 차 없이는 못 움직여요.

이화여대 후문에서 봉원사까지 두세 정거장밖에 안 돼요. 그런데 학생들은 30분을 기다려서 버스를 타고 가요. 걸어가면 15분이 걸리는데 안 걸어요. MT를 갈 때 산에 오르기라도 하면 제가 더 잘 올라가요. 그만큼 요즘 사람들은 움직이지 않는다는 거죠.

무조건 움직이셔야 합니다. 세계보건기구에서 건강 수칙 10가지를 권장하고 있는데요. 너무 쉬워요. 물론 말은 쉽지만 하기가 어렵겠죠. 그중에 하나가 '될 수 있는 대로 자주, 그리고 멀리 걸으세요'예요. 얼마나 쉬워요. 그런데 그렇게 하세요? 사실 말하는 저도 그렇게 못하기는 마찬가지입니다. 걸으려고 해도 요즘 눈 한 쪽이 실명해서 높낮이 구분이 안 돼요. 누가 같이 가면 가지만 혼자서는 갈 수가 없더군요. 그렇지만 여러분은 움직이세요. 움직일 수 있는 대로 움직이세요. 그게 건강의 묘책이에요.

세 번째 'A'는 'Affecting', 즉 '정서'입니다. 'ing'를 붙였으니 정확하게는 '정서 유지하기'입니다. 그럼 정서 유지란 무엇일까요? 쉬운 얘기로 이런 문화원이나 전시회도 관람하고 극장도 가고 드라마도 보고, 눈에 잘 안 들어온다 하더라도 뭐라도 보세요.

그냥 보는 것도 굉장한 자극이 됩니다. 그게 정서를 유지하는 방법입니다. 나이가 들면 정서가 떨어져요. 슬픈 일이 닥쳐도 그렇게 슬프다고 못 느끼고, 기쁜 일이 닥쳐도 별로 기쁜 게 없어요. 감정이 둔화된다는 뜻이지요. 그건 생물학적으로 신체의 감각 기관이 퇴화하기 때문입니다. 물론 그러한 상황이 어쩔 수 없지만, 어떤 걸 쳐다본 사람하고 안 쳐다본 사람하고는 요만큼이라도 차이가 있다는 뜻이에요.

주위에 문화 행사들 많잖아요. 가서 보세요, 정서적인 것을. 둔해지는 것은 할 수 없지만 보고 둔해지는 것하고 보지도 않고

저는 강연 전에

이런저런 말을 하면 집중이 안 돼요.

저로서는 강의를 튼실하게 하기 위해

집중력을 발휘하고자 말을 아낀 거예요.

오늘 같은 날도 강연하고 집에 가면

아주 숙면할 거예요.

여하튼 생각이 복잡하다면 떨칠 건 떨치고

어떤 것에 집중할 것인가를 생각하는 게

굉장히 중요합니다.

둔해지는 것하고는 다릅니다.

그 다음에 'R'은 'Relax', 즉 '이완한다'는 뜻이에요. 'ing'를 붙였으니 'Relaxing', 이것은 휴식을 의미해요. 여기 연배가 있으신 분들은 산업 사회를 다 경험했습니다. 밤낮으로 일하고 얼마나 노력했는지 몰라요. 그런 노력 때문에 지금 이런 사회를 일으켰는데 쉴 줄을 모르는 거예요. 쉬었다는 경험이 없어요.

이런 이야기를 들려드리고 싶네요. 1970년대 한창 산업화 단계에서 금성(현재 LG)이 미국의 어느 카운티에 TV 공장을 세웠답니다. 이를 홍보하기 위해 다큐멘터리를 만들어서 KBS에서 방송한 적이 있어요. 내용이 무엇이냐면, 한국인 사장이 불쑥 미국 근로자 집을 방문합니다. 그런데 그것부터가 미국 문화랑 다르잖아요. 집에 찾아가려면 사전에 허락받고 가야 하는데 한국식은 그게 아니잖아요.

내가 사장인데 하면서 불쑥 찾아간 거죠. 그것부터 틀린 거예요. 틀려도 다큐멘터리에서는 그렇게 나왔어요. 그래서 그 집에서는 깜짝 놀랄 거 아니에요. 그래도 방문한 손님이니 들어오라고 하죠. 사장님이 그런 이야기를 해요. '우리 회사는 당신 남편이 일을 해줘서 대단히 감사하게 생각합니다, 내가 뭔가 도움이 되게끔 도와드리고 싶은데 뭘 도와주면 좋겠습니까?' 이런 질문이었어요.

그래서 저는 그때 얼른 보너스를 달라고 할 거라 생각했어요. 그런데 아내는 '남편을 제 시간에 돌려보내주세요'라고 말하는 겁니다. 너무 놀랐어요. 조금 더 일하고 보너스를 많이 타는 게 낫지 않을까 하는 거죠. 제 시간에 와서 뭘 하냐고.

제가 현대자동차에 근무하는 환자분을 치료했는데, 어느 날 갑자기 약을 한 달 분만 달라는 거예요. 그래서 어디 가냐고 물었는데 동해안으로 간다는 겁니다. 그래서 잘 쉬다 오라고 했더니 쉬러 가는 게 아니래요. 휴가를 가는 김에 텐트를 쳐놓고 현대자동차 중 고장이 난 차가 있으면 상담이나 해주려는 거예요.

휴가인지 출장인지 도무지 구분할 수 없는 상황이었던 거죠. 당시는 그게 혼재됐던 시절이에요. 그러니까 'Relaxing' 한다는 게 어떤 건지 습관이 안 돼 있어서 모르는 거죠. 지금에야 연차가 있어서 그거 안 주면 난리가 나잖아요. 그만큼 발전한 거죠.

일본 축구 감독이 쓴 수필이 있어요. 그 책에 보면 미국하고 친선 경기를 하는데 이건 시합을 하나마나 우리가 이겼다고 생각을 했다고 적혀 있어요. 그 근거가 미국 팀은 질서가 없다는 겁니다. 감독이 지나가도 별로 신경 쓰지 않고 장난치는 사람이 있는데, 일본 사람들은 그게 아니에요. 드러누워 쉬다가도 감독이 지나가면 벌떡 일어나죠.

옛적 우리 공무원 사무실에는 빨간 불, 파란 불이 있었대요. 장관, 국장, 과장 이렇게 불이 다 있는 겁니다. 그게 꺼져야 할 일 없이 앉아 있다가 나가는데 불이 꺼지기 전에 나가면 불경한 거죠. 그런 세월을 살았으니 휴식이 없죠.

여하튼 다시금 앞의 이야기로 돌아가자면, 미국과 일본 시합에서 결국 미국이 이겼대요. 그래서 그 분이 자기 팀이 진 이유를 설명했습니다. 일본 팀은 휴식이 없다는 거예요. 쉬는 시간이라도 감독이 지나가면 벌떡 일어나야 해요. 미국 사람은 쉬는 시간은 철저히 쉰다는 거죠. 그래서 'Relaxing'은 굉장히 중요합니다. 그런데 산업 사회에 익숙한 세대는 아무리 이 이야기를 해도 안 돼요. 몸에 배어 있지 않아서. 그래도 하셔야 됩니다. 마지막으로는 'T', 'Together' 즉 '함께'라는 말입니다.

'SMART'는 건강이 담보된 사람이라야 할 수 있어요. 건강하지 않은 사람, 자리에 누워 있는 사람에게는 소용없어요. 다음으로 경제적으로 국가에서 돈 몇 푼 받고 있는 처지에서는 저걸 요구할 수가 없어요. 그래서 경제적으로나 신체적으로 건강하거나 적어도 자기 앞가림을 할 수 있는 사람에게 'SMART'를 권하는 겁니다.

그런데 여러분은 제가 이야기하는 'SMART' 가운데 한 개라

도 하고 계신가요? 그런데 생각해보면 하고 계시니까 지금이
있는 것이고, 여기에 계신 거예요.

08

먼저 간 시니어들의
간절한 소망

제가 간절한 소망이라고 적었는데 이건 제 소망이 아니라 인생을 거의 다 살고 겨울의 막바지에 있는 사람, 얼마 안 가서 이 세상을 생물학적으로 하직해야 하는 사람들의 이야기입니다.

어느 미국 학술 저널에 '당신이 새롭게 태어난다면 어떤 삶을 살고 싶은가'에 대한 보고서가 실린 적이 있습니다. 보고서에는 (소망이) 100가지도 넘는다고 적혀 있었어요. 그 중 상위세 가지를 제가 뽑아왔습니다.

첫 번째가 '자유롭게 살고 싶다'. 물론 사회 질서를 지키고 사회적 규범이 있고 이게 다 속박이잖아요. 그래서 미국에서 한때 히피 운동이 일어난 게 저 속박에서 벗어나고 싶다는 거였잖아요. 그런데 속박에서 벗어나나요? 이 사회를 사는 동안은 이 사회에서 요구하는 질서를 지켜야 해요. 그런 것까지 속박이라고 생각한다면 영원히 자유롭지 않은 거죠. 그렇더라도 그 테두리 내에서라도 좀 자유롭게 살고 싶다는 뜻이에요. 그건 어떤 규범대로 사는 것이 아니라 창의적으로 자기가 살고 싶은 대로 한번 살아보고 싶다는 얘기입니다.

두 번째는 '맺힌 것을 풀고 싶다'. 어느 선배 교수님이 지난달에 받은 상처에 대해 얘기하셨는데 아내는 이북 사람이고 선배 교수님은 안동 양반마을에서 태어난 아주 보수적인 분이에요. 이북 평양에서 음악을 전공해서 본인보다 훨씬 개방적이라 시어머니하고 맞지를 않는 거예요. 악의적으로 며느리가 어떻게 하는 게 아니라 자기 풍습대로 하니까 그게 눈에 거슬리는 거죠. 그러니 매번 충돌이 일어나요.

그래서 선배가 장남임에도 불구하고 도저히 안 되겠다 싶어서 6개월 정도 부모님과 살다가 동생한테 부모님을 모셔라 하고 따로 살림을 살았던 겁니다. 이후에는 시어머니와 관계가 좋았죠. 그런데 이번에 아내가 세상을 떠나기 전에 시어머니와의 이야기를 한이 맺힌 듯 쏟아놓더랍니다. 선배가 부모님과 6개월도 같이 안 살았는데 그걸 가지고 한 번도 아니고 이렇게 내놓는 거면 마음속에 얼마나 품고 살았을까 싶어 놀랐던 거죠. 그게 맺힌 거예요. 그러니까 맺힌 것을 풀고 싶다, 라고 말할 수 있습니다. 종교에서 말하는 '용서하라'도 그러한 연장선상에서 이해할 수 있는 거죠.

다음으로는 '나누면서 살고 싶다'. 일생 동안 모으는 데에만 신경을 쓴 사람은 나눌 수가 없어요. 제 환자들 중 한 분은 이렇게 말하곤 했습니다. 옛날에 연탄을 창고에 한 트럭분 정도 넣어놓고 겨울을 보냈다는 거예요. 그런데 한 트럭을 넣어놓고는 맨날 춥게 살았다고 호소를 해요.

연탄 한 장을 때서 한 장이 비는 것을 용납을 못 하는 거죠. 100장을 유지하기 위해서 한 장을 못 쓰는 거예요. 갖고 있는 데에 쾌감이 있는 거지 쓰는 거에는 아니죠. 어떻게 보면 갖고 있는 사람 따로 있고, 쓰는 사람 따로 있는 거예요. 어쨌든 '나누고 싶다'는 의미는 세상을 하직하기 전 새롭게 인생을 산다면 저렇게 살고 싶다는 간절한 소망이에요. 저 소망은 우리한테도 똑같을 것 같아요.

그래서 'SMART'를 실천하면서 참회와 용서 등으로 관계를 풀어 가면 좋을 거 같아요. 자신이 감당해서 해결할 수 있는 것은 존중해줘야 해요. 그것으로 지금까지 괴로워하는 사람이 있다면 그걸 풀자는 말이에요.

09

효자를
만들어 보세요

효자라는 말을 젊은 사람들은 참 듣기 싫어해요. 그래서 저는 효자라는 말 대신 인간관계 중 부모 자녀 관계가 가장 좋은 관계 같은 표현을 씁니다. 인간관계라는 말을 쓰면 젊은 사람들이 자주 사용하는 용어니까 머리에 잘 들어오는데 효자라고 하면 뭔가 가르치려는 단어 같아서 잘 안 들어요. 공자님이 그렇게 좋은 말씀을 많이 하셨는데 공자 말을 하면 안 들어요.

사실 효자라는 게 특별한 게 아니에요. 부모와 자녀 관계라는 거죠. 그래서 제가 한참 공부할 때 효도는 왜 자식한테만 강요하는가, 라는 의문이 생겼어요. 성균관대에 찾아가서 지금은 돌아가신 유승국 유학 교수님께 왜 자식한테만 효자가 돼라고 그러는 것이냐고, 그럼 부모는 뭐하냐고 그랬더니 원문을 찾아서 저한테 알려주셨어요.

원문이 '부자자효父慈子孝'인데 부모는 자식에게 자애롭고, 자식은 마땅히 부모에게 효도해야 한다는 거예요. '자'는 자녀, '부'는 부모, 여기에서 '녀'와 '모'가 생략됐죠. 그럼 다 쓰지 왜 그러냐 하고 물었더니 부모는 자애를 강조하지 않더라도 너무 지나치게 자애롭고, 자식은 효를 강조 안 하면 효를 안 한다 해서 효자만 강조하게 됐다는 거예요.

말이 그럴 듯하잖아요. 그래서 제가 생각한 게 효자는 이제 자발적으로 하는 건 별로 없을 거 같아요. 사회 변동이거든요. 외국에 가 있으면 효자 노릇을 어떻게 해요. 그래서 생각한 게 효자 만들기, 다른 말로 하면 '효부孝父 되기'입니다.

자식한테 효도하는 역발상을 해본 거예요. 그게 뭐냐면 이 세 가지예요. 첫째, 자녀들이 전부 결혼하고 노인 두 사람만 남으면 밥해먹고 청소하기가 힘들어요. 큰 집을 지키고 앉아 있어 봐야 소용이 없어요. 그래서 제가 주장하는 게 실버타운이에요.

수원 근처에 실버타운이 하나 있어요. 초기에 제가 교육을 많이 갔던 곳입니다. 그때 제가 봐도 너무 들어가고 싶은 거예요. 시설도 잘되어 있고 아프면 헬기가 와서 싣고 가기도 하니 너무 좋은 거예요. 그때는 제가 퇴직금을 받아서 들어갈 처지가 못 되어서 포기했는데, 아마도 경제력이 됐다면 들어갔을 겁니다. 집이라는 개념으로 실버타운에 이사를 가는 거예요. 그러니까 활동할 수 있을 때 자녀를 끼고 있을 것이 아니라 자녀로부터 떨어져야 해요.

두 번째, 내가 몸이 아프면 어떻게 할까요? 단기적으로 치유되는 병은 종합병원에 가시면 됩니다. 그런데 만성적인, 특히 치매에 걸린다고 하면 요양병원에 가야죠. 저는 자녀들을 키우면서 어떤 요구를 했냐면, 제가 만일 치매에 걸리거나 유사한 병에 걸렸을 때 간병인 한 명만 붙여주면 방 안에 얌전히 있을 테니까 노인 시설에는 절대 보내지 말라고 했어요.

왜 그런 이야기를 했냐면 제가 공부하고 의사와 교수가 되고 70~80년대를 보낼 때까지는 노인 요양원이라는 곳은 시설이라고 할 수가 없었어요. 이런 표현을 해서 죄송하지만 돼지우리 같았어요. 전문 요양사도 없고 시설도 불결하니 그런 곳에 가면, 이건 정말 현대판 고려장이었던 거지요.

그런데 요즘은 전문 요양병원 시설이 많이 달라지고 전문 의료인이 있고 자격이 없으면 안 되게 되어 있어요. 가족은 마음은 함께 있지만 전문가는 아니잖아요. 저를 일주일만 보살피라고 하면 진절머리를 낼 거예요. 기술도 없잖아요. 요양원에 있는 전문가들은 저와 혈연관계는 아니지만 잘 훈련된 분들이에요. 훈련된 분한테 몸을 맡겨서 지내는 게 훨씬 좋지, 그냥 정이 있다고 해서 혈연관계 때문에 자녀한테 의존한다는 것은 자녀도 지치고 저도 불편한 거예요.

전문가도 아닌데 맡겨서 뭘 할 거예요. 그래서 노인 요양병원을 선택하는 거죠. 그 다음에 노인 요양병원에서도 더 만성화가돼서 자리에 눕는 처지가 되면 요양원이죠. 시설에 따라서는 나쁜 곳도 있겠지만 그건 점차 개선될 거예요. 요즘 유치원 때문에 난리인데 저런 일이 있으니 전 국민이 관심을 가지고 개선이 되는 거라 생각해요. 그래서 스마트 에이징을 하면서 이 중에 선택하시면 자녀들이 자유로워요.

노인 한 사람을 보살피기 위해 자식이 직장을 버리면 경제 활동을 못 하고 그럼 병원비는 누가 대겠어요? 부모 자녀 모두가 불편해지는 거예요. 그래서 저는 우리 애들한테 심적인 변화를 애기해줬어요. 전에는 그랬지만 이제 문제가 생기면 요양병원에 가자. 그냥 바람 쐬러 가자고 해서 요양병원에 데려다 놓지 말고 너희들이 마음에 드는 3~4곳을 골라오면 그중에서 골라 자발적으로 가겠다고 약속했어요. 그럼 우리 애들은 자연스럽게 효자가 되는 거예요. 그러나 우리를 전적으로 책임지고 집에서 보살피라고 강요하다보면 존속 살인도 생기고 불효자식이 생기는 거예요. 자, 내 자녀들을 효자 만듭시다.

10

약속이
중요해요

저에게는 자녀가 2남 2녀이고 전부 결혼했습니다. 2001년에
제가 정년퇴임을 했을 때 장남이 같이 살자고 하더라고요. 그래
서 이유를 물었더니, 자기는 전세로 살아서 집이 없대요. 애들
은 어리고. 그래서 전세 드는 돈을 모으면 빌라를 하나 지을 수

있고 그럼 각자 집이 생기고 애들이 어리니까 부모님이 봐주면 되지 않을까 하고 정년퇴임이 되는 날에 맞춰서 이야기를 하는 거예요.

그래서 집을 설계해서 한 동을 지어 각 층마다 사는데 재산권을 각자 했죠. 같이 안 살다가 같이 살려면 규칙이 필요해요. 결국 모두 모여서 토론을 했어요. 헌장을 만들자고. 애들은 머리에 익혀 실천하면 될 일이지 무슨 헌장을 만드느냐고 하더군요. 저는 구세대라 뭘를 써놔야 한다고 주장했어요.

자녀들하고 토론해서 지은 헌장이 있는데 그중 이런 말이 있어요. '우리는 같음을 공유하고 즐깁니다. 우리는 서로 다름을 인정하고 존중합니다. 우리는 각 가정의 고유한 가치관과 종교관을 갖고 간섭 없이 살아가길 원합니다.' 이게 핵심이에요. 어느 정도 간섭이 없냐면, 제가 아들 집에 올라가고 싶은데 '올라가도 괜찮겠냐' 하고 물었는데 '안 돼요' 하면 '알았다' 하고 안 올라가요.

혹시라도 제가 자녀들에게 뭔가 주고 싶을 때가 있을 거 아니에요. 옛날에는 사과를 주고 싶으면 사서 주고 그랬는데 애들이 그걸 싫어해요. 그래서 이메일로 사과 10개가 있는데 필요한 사람은 가져가라고 해요. 제가 사는 곳은 1층이라서 우리 집을 거쳐서 올라가거든요. 그 앞에 상자를 놓으면 가지고 올라가

결국 자녀들하고 토론해서 지은 헌장이 있는데

그중 이런 말이 있어요.

'우리는 같음을 공유하고 즐깁니다.

우리는 서로 다름을 인정하고 존중합니다.

우리는 각 가정의 고유한 가치관과 종교관을 갖고

간섭 없이 살아가길 원합니다.'

이게 핵심이에요.

어느 정도 간섭이 없냐면,

제가 아들 집에 올라가고 싶은데

'올라가도 괜찮겠냐' 하고 물었는데

'안 돼요' 하면 '알았다' 하고 안 올라가요.

요. 그리고 밥은 각자 독립적으로 해 먹어요.

우리 부부는 장남 집에서 월요일부터 금요일까지 저녁을 먹어요. 아침은 간단히 먹고 사무실에 나오면 손님들과 밥을 먹어요. 나머지 세 자녀는 주말을 책임을 지는 거예요. 1주일씩 돌아가니까 최소 한 달에 한 번은 돌아오는 거예요. 그럼 토, 일 저녁 약속을 할 때 한 번은 집에서, 한 번은 밖에서 하는 거죠. 약속이니까 잘 지켜주는 거죠. 저도 약속은 잘 지켜요. 간섭 안 해요.

제일 문제가 제사를 지내는 겁니다. 이를 위해 자녀들과 합의한 것이 있어요. 모두 다섯 집이니까 한 집에서 제수를 하나씩 가져오기로 했어요. 문제는 절하는 것도 문제예요. 각자가 믿는 종교에서 허락하는 범위 내에서 최대로 공경하는 방법으로 절을 하라고 제안했어요.

그러다 보니 서서 기도하는 사람도 있고, 절하는 사람도 있어요. 최근에 장남이 아버지께서 돌아가시면 제사는 없습니다, 라고 해서 알았다고 했어요. 죽었는데 제사를 지내는지 어떻게 알겠어요? 걔는 천문학자라서 내세를 믿지 않는 거예요. 그런 이유로 그러니까 말해주는 것만으로도 고맙잖아요. 제사를 잘 지내겠다고 해놓고 안 지내면 그만이잖아요.

그렇게 해서 함께 사는데 이런 약속이 필요한 겁니다. 이것을 지키는 한 평화로워요. 이것만 지켜주면 싸울 일도 없어요. 그런데 많은 부모들은 간섭하죠.

이제 마지막으로 어떻게 살면 좋겠는가에 대해 이야기하려고 합니다. 제 강의를 들었다고 해서 지금 팔자를 고치듯 될 일은 아니에요. 제가 'SMART'라는 표현을 썼을 때 그중 마음에 드는 하나를 '아, 저거구나' 하고 습관으로 강화하시면 됩니다. 하라고 해서 하는 게 아니라 여러분이 이미 하시던 걸 확인하는 거예요.

그렇게 했을 때 더 나다울 수 있는 거예요. 환자들 중에 자신이 이 세상에 필요 없는 사람이라고 생각해서 죽어야겠다는 사람들이 많아요. 그럼 제가 하는 18번이 있어요. 당신과 똑같은 사람을 구해와라. 그런데 자기밖에 없는데 어디 가서 구해올 거예요? (구해올 수) 없다 그럴 때, '당신은 참 소중합니다. 이 세상 수많은 사람들 중 유아독존이에요. 오로지 하나인 당신의 가치를 버리고 당신 스스로를 버리고 죽는 게 어디 있겠어요. 가만히 있어도 죽을 때 되면 죽는데 뭘 지금 죽겠다는 겁니까'라며 설득해요. 여러분은 이미 나답게 살고 계십니다. 살고 계시는 것을 제 강의를 통해서 더 확인하시라는 뜻이에요.

짧은 시간에 여러분에게 모든 내용을 다 전달하기는 어려운 것이 사실입니다. 그러고 보면 제가 오늘 초청된 이유는《나는 죽을 때까지 재미있게 살고 싶다》이 책 때문인 거 같아요. 혹시 여유가 있으면 이 책을 읽어보세요. 제가 하고자 하는 얘기를 많이 적어놨어요.

제가 집필한 다른 책인《오늘은 내 인생의 가장 젊은 날입니다》는 봄, 여름, 가을, 겨울의 개념으로 상대에게 해주고 싶은 얘기를 썼어요. 그런데 뒤로 갈수록 활자가 커져요. 뒤에는 노인들이 잘 볼 수 있도록 크고, 앞에는 청년들을 위해 활자가 작아요. 사실 저는 깜짝 놀랐어요. 저렇게 독자를 위한 배려가 있구나 하고 생각했었거든요. 저하고 말씀을 더 나누고 싶은 분은 이메일이나 전화를 주시면 오늘 못 다한 이야기를 나눠드리겠습니다.

Q&A

우리 사회는 현재 혐오가 핵심적인 문제인 것처럼 난무하고 있습니다. 성별, 남성 혐오, 여성 혐오, 이런 것들 말이지요. 특히 최근에는 노인 혐오 문제가 심각합니다. 일례로 태극기 집회에 노인 분들이 나와서 적극적으로 정치적 발언을 하시는 문제나 선생님께서 말씀하시는 중간에 잠깐 나오기는 했는데, '너 왜 자리 양보 안 해. 싸가지 없는…' 이러면서 대중교통에서 소리를 지르고 욕을 하고 가끔은 폭행도 하는 모습이 인터넷에 번지면서 노인 혐오가 극에 달하고 있습니다. 혹시 혐오에 대해 어떻게 생각하시는지 궁금합니다.

혐오라는 것은 서로의 대립각을 세울 때 생기는 거예요. 이것은 사회 변동과 광장히 관계가 많은데, 우리 사회뿐 아니라 세계적으로 많은 사회가 갈등을 조장해야 평온한 세월이 온다는 겁니다. 예전에는 북한이 쳐들어온다고 해야 사회가 평온해요. 평화롭다, 이러면 걱정이 되는 거죠. 우리가 그렇게 훈련이 되어 있어요.

그러니까 정치인들이나 지도자들이 공감을 얻기 위해서 그냥 설득하는 게 아니라 대립각을 짓고 혐오감을 조장해요. 거기에 우리가 놀아나는 겁니다. 한 가지 예를 보면, 여성학을 이화여대에서 처음 만들었어요. 그때 저도 강의에 참여했는데, 저는 여성학은 제목부터가 틀렸다, 여성학이라고 하지 말고 인간학이라고 해야 한다고 주장했어요. 남성과 여성이 공존해서 살아가야 하는데 여성학이라고 딱 떼어 놓으면 이것은 남성에 대한 혐오를 불러일으킬 수 있다는 겁니다.

여자 교수가 많다보니까 결국 제가 졌어요. 실제로 교육을 하다 보니 여성이 억압됐다는 것을 많이 부각해야 하는 거예요. 부각을 하다 보니 남성에 대한 혐오감을 이야기해야 하는 거죠. 교육을 받고 졸업한 학생들은 이론적으로 남성 혐오를 갖고 있는데 결혼해보니 그렇지 않은 사람들도 있잖아요. 이때부터 상당히 혼란이 생기는 거죠.

그래서 매년 강의를 평가할 때, TV가 집에 한 대밖에 없는데 아내는 드라마를 보자 그리고 남편은 스포츠 중계를 보자고 싸우는데 어떻게 하겠느냐, 기어이 남편이 스포츠를 본다고 하면 어떻게 하겠냐, 라는 질문이 반드시 있어요. '이혼하겠다는 학생이 있었어요.' 이러니까 여자 교수들이 잘 가르쳤다고 그러는 거예요.

그래서 제가 여성과 남성을 화합시키려고 교육하는 것이냐, 대립시키려고 교육하는 것이냐, 혐오감을 주기 위해서 교육하는 것이냐고 물었는데 역시나 그때도 제가 졌어요. 지금 여성학이 계속 이어지니까 요즘 금기는 여자와 종교를 건드리는 거예요. 그건 쉽게 낭패당하는 거잖아요. 종교에 대해서는 방송에서도 잘 안 건드려요. 손해 보거든요. 더불어 여성 문제를 건드려 보세요. 난리가 나죠.

그래서 혐오라는 것은 제 생각에 그것을 혐오로 조성해서 편한 계층이 있어요. 거기에 놀아나는 것이기 때문에 우리가 정신을 똑바로 차릴 필요가 있다고 이야기하고 싶어요. 예를 들어 남성 혐오, 여성 혐오, 노인 혐오, 그렇게 할 거라면 하느님이 진작 그런 것을 없애고 똑같이 만들지 왜 남녀를 구분하고 세월이 가면 노인이 되도록 했겠어요.

그러니까 어떤 상황이든 'Together'를 전제로 해야 해요. 정신과 상담 중 부부 조정을 할 때 수칙이 있어요. 싸우되 화해를 전제로 싸워라. 싸운다는 것도 지금 상황보다 어떻게 하면 조금 더 나은 상황으로 만들까에 중점을 두기 때문이죠. 요즘 온갖 혐오가 다 붙어요. 그런 것은 개인이 해결할 수 있는 게 아니어서 작은 집단에서라도 조금씩 의식을 넓혀나가면 언젠가는 극복되리라 생각해요. 이것이 바로 교육이고 핵심이에요.